福建省第二届小学名师培养丛书

叶杨荣 著

文化视域……『乐趣美术』……实践

海峡出版发行集团
THE STRAITS PUBLISHING & DISTRIBUTING GROUP
福建教育出版社

图书在版编目（CIP）数据

文化视域下的“乐趣美术”教学实践/叶杨荣著. —福州：福建教育出版社，2020.7（2022.1 重印）
（福建省第二届小学名师培养丛书）
ISBN 978-7-5334-8735-5

Ⅰ. ①文…　Ⅱ. ①叶…　Ⅲ. ①美术课—教学研究—小学　Ⅳ. ①G623.752

中国版本图书馆 CIP 数据核字（2020）第 063928 号

福建省第二届小学名师培养丛书
Wenhua Shiyu Xia De “Lequ Meishu” Jiaoxue Shijian
文化视域下的“乐趣美术”教学实践
叶杨荣　著

出版发行　福建教育出版社
（福州市梦山路 27 号　邮编：350025　网址：www.fep.com.cn
编辑部电话：0591-83726908
发行部电话：0591-83721876　87115073　010-62027445）
出 版 人　江金辉
印　　刷　北京一鑫印务有限责任公司
（北京市顺义区北务镇政府西 200 米　邮编：101300）
开　　本　710 毫米×1000 毫米　1/16
印　　张　11
字　　数　174 千字
版　　次　2020 年 7 月第 1 版　　2022 年 1 月第 2 次印刷
书　　号　ISBN 978-7-5334-8735-5
定　　价　27.00 元

总 序

教学主张：教师从优秀走向卓越的专业生长点

教学主张是名师教学的内核和品牌，缺乏教学主张，或者教学主张不鲜明、不坚定，就称不上是真正意义上的名师。无论是名师个体的自我成长还是名师工程的定向培养，主张的提出是关键（前提），主张的研究是核心（中心）。

教学主张是名师的教学思想、教学信念。思想来自于思考，优秀教师在教学实践活动中都会自觉不自觉、有意无意地对相关问题进行思考，并在此基础上产生或形成对教学的一些看法、想法、念头、观点，我们将其统称为教学思考。这些思考不乏是有价值的见解，但总体而言，是相对零散，不够系统的；是相对浅层，不够深度的；是相对模糊，不够清晰的。只有经过理性加工和自我孵化，教学思考才能提升和发展成为教学思想。教学思想是教师对教学问题的系统的、深刻的、清晰的思考和见解，它具有稳定性和统领性。稳定性意味着思想一旦形成，不容易改变；统领性指的是对教学行为的影响力，行为是由思想而生的。

教学主张是名师的"个人理论"，它来自实践又高于实践。理论来自实践，优秀教师在教学实践活动中都会形成和积累一些行之有效的做法、招数、策略、特点、亮点，我们将其统称为教学经验，这是真正原生态、原发性的东西。我们认为，相应的实践经验无疑是促进理论滋生的最有价值的资源，教师的个人理论一定是来自教师个人的实践和经验，但是，由实践到理论，由个人经验到个人理论，这个过程不是自发产生和实现的。名师不仅要有实践意识，而且需要有理论自觉，一方面把自己的经验，把自己的所行、所见、所闻、所得加工、提炼、升华为理论；另一方面，用先进科学的理论反思、批判、充实、引领自己的实践和经验。通过这样的双向互动，把自己的经验要素转化为充满思维和智慧含量、可资借鉴（更具有普适性和启发性）的“理论因子”，从而不断形成和完善自己关于教学的“个人理论”，这就是教学主张的内核。

总之，教学主张引领教师从教学思考走向教学思想，从教学经验走向教学理论，这是教师从优秀走向卓越从而实现自我超越的根本支点。对名师个人而言，提出教学主张就是给自己树立一面旗帜！打造一只“天眼”！大凡成功的、有影响的教学名师和流派均有自己鲜明的、独特的、坚定的教学主张，教学主张是教师走向教育家的必经之路。因此，提出教学主张不仅是名师个人成长的关键环节，也是名师工程培养名师的核心抓手。

名师不仅要敢于、善于提出教学主张，而且还要围绕教学主张系统开展研究，它主要包括以下两个方面：

一、教学主张的理论研究

这一研究类似于学者、专家的学术研究，它使名师研究区别于普通教师的所谓校本研究。理论研究的过程是理论思维的过程，是一种形而上的研究。恩格斯曾经精辟地指出：“一个民族想要站在科学的最高峰，就一刻也不能没有理论思维。”中小学名师的教学理论研究就是对自己教学主张的理论论证，它要求教师暂时搁置自己的实践和经验，在理论的高度和轨迹上进行系统和抽象的论证和阐明，从而把自己的教学主张阐明得深刻、清楚、丰富，有逻辑性、有思想性。这个过程对一线的教师是个巨大的挑战，但是名师必须接受这个挑战，并在这个挑战中实现自我突破、自我超越、自我提升，这样才能从普通教师走向教育家。

理论研究的内容和要点主要有：

1. 教学主张的概念和内涵界定。提出一个主张意味着提出一个或若干个概念，理论研究都必须从概念界定开始，概念界定也就是界定概念的内涵和外延。关于概念的界定，有必要强调两点：第一，要基于概念的本意，任何概念都有自己的本质内涵，它是在历史的过程中形成的人类共识，名师的概念解读要以此为出发点和起点。第二，要有自己的新意，名师对教学主张及其概念要是没有自己独特的见解、看法和感悟，那么这个主张及其研究就没有多大的价值和意义。名师一定要善于从不同角度和方面去挖掘、揭示和阐述概念的内涵，这是把教学主张写得丰满和厚实的逻辑前提。

2. 教学主张的理论基础和依据。理论基础是某种主张、某种观点立论的理论依据。任何新主张、新观点都不可能是凭空产生的。名师的教学主张、观点，它的提出和发展同样有其理论基础。教师在提出教学主张的同时，一定要从哲学、认识论、心理学、教育学等学科去寻找其立论的依据。关于理论基础与教学主张的关系，我们要特别强调“有机性”三个字。有机性指两者之间的关系是内在的，不是外加的，就像地基与房屋的联系是一体的而不是拼凑的一样。名师一定要把教学主张的最直接的最核心的理论基础找出来、挖出来，务求准确、简洁、到位，并把两者的内在的逻辑联系揭示清楚，使其成为一个有机的理论体系。

3. 教学主张的具体观点和内容。这是名师研究的中心任务。概念界定和理论基础的寻找只是研究的前奏和起点，教学主张的观点和内容的展开才是研究的重头戏。教师一定要根据教学主张研究的主题、概念内涵和理论基础，从学科教育教学的不同方面和角度去挖掘、构建、提炼教学主张的核心要点，并加以系统阐述，使其成为一个结构和体系。所谓“横看成岭侧成峰，远近高低各不同”，对一个问题要从尽可能多的角度去思考，才能认识更全面、更透彻、更有新意。

二、教学主张的实践研究

这一研究本质上就是中小学教师的行动研究，它使名师研究区别于专家、学者的所谓学术研究。实践研究就是行动研究，是一种形而下的研究。

名师的实践研究的主要内容包括：

1. 教学主张的教材化研究——使教学主张有根有源。教学主张作为名师思想和智慧的结晶，是名师钻研和解读教材的独特视角，是名师发现、挖掘教材新意的探测器。正如尼采所说：有各式各样的“眼睛”，因而有各式各样的“真理”。名师要用主张来统领、解读教材，这是给教材注入、渗透主张、思想、智慧的过程，使教材个性化、生命化；与此同时，不断从教材中挖掘和提炼出体现和反映教学主张的内容和意义出来，使主张变得厚重、丰富，有根有源。

2. 教学主张的教学化研究——使教学主张看得见、摸得着。教学主张不仅要进入教材，还要进入教学。教学主张的教学化研究，简单的说就是要用教学主张作为教学的导向，并将其融入教学实践的每一个“毛孔”，使名师的教学活动“烙上”自己的思想和个性，进而形成自己的风格。著名特级教师于漪说的好：“教出自己个性的时候，才是学生收获最大的时候。”而教出风格的时候，才是名师成熟的时候。

3. 教学主张的人格化研究——使教学主张名师化、精神化。教学主张不但要进入教材、进入教学，还要进入教师本人，成为教师人格的一部分和特征。名师的主张不仅通过教材、教学表现出来，还要通过名师自己的生活和为人表现出来，这样才更令人信服。

三年来，我们坚定地要求和不遗余力地指导名师培养人选提炼教学主张并围绕教学主张开展深度的研究，这是我们名师培养工程的主题、主线索、主工作。现在摆在我们面前的一本本专著就是这一研究的代表性成果。三年之前，不仅学员，就连我们名师工程的专家委员，都觉得，这是一项不可能完成的任务。名师就是要做“不可能实现的事情”。我们欣慰地看到，不少名师培养人选通过三年的刻苦努力，实现了专业发展的自我蜕变和自我超越，成为真正意义上的名师了。

作为名师培养工程的一名导师，笔者深深地感到：名师是可以培养的，而培养的法宝就是教学主张。

福建省中小学名师培养工程专家工作委员会　余文森

目 录

第三章 课例品鉴

第四章　创意探索

第五章　学习感悟

前 言

美育是审美教育，也是美感教育、情操教育和心灵教育，是培养学生认识美、欣赏美和创造美的能力教育。美育是学生全面发展不可缺少的组成部分，不仅能提升人的审美素养，形成健康的审美情趣，还能潜移默化地影响人的气质与胸襟，形成美的理想、美的情操、美的品格和美的素养。而美术教学是美育的重要组成部分，是美育教学实施的主要途径。通过课内外的美术教学，学生们在探究自然、生活与文化之美中逐步形成认识美、体验美、感受美、发现美、欣赏美和创造美的能力，从而转化为理解生活之美的能力与素养。

正当美术教学由“三维目标”走进“核心素养”时代之际，党的十八届三中全会提出了要“改进美育教学，提高学生审美和人文素养”的要求，国务院在《关于全面加强和改进学校美育工作的意见》中提出：“义务教育阶段，学校美育课程要注重激发学生艺术兴趣，传授必备的基础知识与技能，发展艺术想象力和创新意识，培养学生健康向上的审美趣味、审美格调、审美理想”，教育部在《关于推进学校艺术教育发展的若干意见》中提出：“要因地制宜创新艺术教育教学方式，探索简便有效、富有特色、符合实际的艺术教育方法，切实提高艺术教育教学质量”。在党和政府的方针政策的引领下，笔者从激发学生学习兴趣、创新教法与学法、开发与利用地方文化资源三个层面出发，依据“情感教学心理学”与“建构主义”学习理论，把以思维为核心的认知系统和以情感为核心的动力系统相结合，紧扣美术学科属性，以孔子的乐学思想为指引，在导师余文森、张荣伟、陈国平、江启华、魏思东共同指导下，经过多次研讨论证，确立了以乐趣为媒的“乐趣美术”教学主张，并以“基于核心素养的‘乐趣美术’课堂构建探究”为题开展福建省名师专项课题研究。在课题实施中，以“苦学—能学—会学—想学—乐学”为研究思路，通过乐学的学习情感、学习体验、学习心境的调动与创设，树立学生苦学的学习行为、学习态度、学习精神，让学生在苦学中掌握学习方法，习得知识规律，感受学习的乐趣，真正实现“以苦为乐”的乐学目标，达到“学海无涯乐作舟”的最高境界，在实践探究中构建“乐趣美术”的“三环五步”教学模式，让美术学科核心素养在学生乐学中得到落实与培养。

“乐趣美术”教学主张的实施，不仅能激发学生丰富的想象，唤起学生创作的欲望，让学生积极参与到美术学习活动中来，体验美术活动的乐趣，而且能激发学生内在的学习情感动力，培养学生持久学习美术的兴趣，体现了美术学科的“愉悦性”。为了及时总结“乐趣美术”教学经验，分享“乐趣美术”教学成果，以达到共同提高美术教育质量之目的，笔者结合多年对地方文化资源的开发与利用的研究成果及“乐趣美术”教学实践，遵循学生的认知规律和心理特点，以美育人，以文化人，以《文化视域下的“乐趣美术”教学实践》为题进行梳理、总结、撰写。书中以情感心理学、愉快教育理论与建构主义理论及义务教育《美术课程标准》为依据，以“乐趣美术”教学主张研究为基础，以文化、生活为研究主线，在“乐趣美术”教学主张阐释、实践研究、课例品鉴、创意探索、学习感悟等章节的论述中，构建文化与生活相融的真实、创新、前瞻、实效、可操作的“乐趣美术”课堂，让“乐趣美术”教学成为学生学习的乐园，成为美术学科核心素养落地、生根、发芽、开花、结果的园地。

第一章　教学主张

教学主张是一个名师的旗帜，是一个名师的标杆，是一个名师的名片，是名师教学的内核和品牌。教学主张来源于教师的教学经验、教学思考，来源于个人理论，是教育精神和学科文化的一种反映。教学主张是教学思想的具体化、个性化和学科化，是教学经验的提炼、概括与提升，是理论与实践、认识与情感、知识与智慧的统一体。教学主张的提炼是一个教学与儿童研究的过程，是一个课题研究与提升的过程，是一个完善与实践研究的过程，是一个艰辛与美美与共的过程，是名师从教学自信走向教学自觉的过程，是名师走向卓越的过程。在这一过程中，教学主张的实验的表达方式就是名师个人的课题研究，课题最具凝练性，是理念精髓的揭示，是研究重点的表达，也是发展方向的引领。课题研究主要包括两个方面：其一是以概念与内涵、理论基础与依据、具体观点为内容的教学主张理论研究；其二是以教材化研究、教学化研究、人格化研究为内容的教学主张实践研究。这是在名师研修中，余文森、成尚荣教授给笔者在教学主张研究上的启发。在导师们的不断指导与引领下，以孔子的乐学思想，情感教学心理学、愉快教育理论、建构主义理论为根基，通过课题研究教学实践，多次研讨论证，逐渐形成了以“乐趣”为媒的“乐趣美术”教学主张。在近三年研究中对其提炼、完善、提升、发展，使之更准确、更清晰，这是“乐趣美术”教学主张形成的正确的、有效的成功之路。

第一节　“乐趣美术”教学主张的缘起

我国是愉快教育思想的发源地，早在两千多年前，我国儒家学派创始人，思想家和教育家孔子就率先提出躬身实践乐学的思想，“学而时习之，不亦悦乎”。“知之者不如好之者，好之者不如乐之者”，说的是对于学习，了解怎么学习的人不如喜爱学习的人；喜爱学习的人又不如以学习为乐的人。比喻学习知识或本领，知道它的人不如爱好它的人接受得快，爱好它的人不如以此为乐的人接受得更快。可见，学习过程本身是一种充满乐趣，能够让学生获得愉快的情感体验和满足的活动。因此，在教育教学中，通过不同的激趣方式激发学生“以学为乐”的内在动力，是落实美术学科核心素养、美术课程标准要求、课堂教学目标的有效方式。在此基础上，笔者萌发了“乐趣美术”的教学主张。

美术教学中有的教师不知如何用有效的教学方法、学习方法，让学生掌握知识的规律，激发学习兴趣，从而造成“照本宣科”“依葫芦画瓢”的教学现象。带着这样的困惑，笔者拜读了全国著名特级教师倪谷音的著作《愉快教育》、尹少淳教授的著作《文化视野下的民间与乡土美术课程建构》、美国莱斯利·P. 斯特弗教授的著作《教育中的建构主义》、余文森教授的著作《核心素养导向的课堂教学》等，站在巨人的肩膀上，以其先进的教育理念为基础，结合美术课程、教材，从文化出发，从生活实践启航，把学生身边熟悉的喜闻乐见的民风民俗、古建筑、自然景观、传说故事等地方文化融入美术教学实践探究中，思考构建激趣、启趣、导趣、引趣、展趣的“乐趣美术”课堂教学方式。让学生在乐趣调查、乐趣探究、乐趣认知、乐趣分享、乐趣体验、乐趣展评中去感知美、发现美、欣赏美、创造美、升华美；让美术学科的图像识读、美术表现、审美判断、创意实践和文化理解的核心素养在与美术课程的愉悦性、视觉性、实践性、人文性相融合的“乐趣美术”实施中落到实处；让教师们在实践中明白乐学的本质在于学生在“读、思、达”中习得学习方法、乐学的本质在于科学的组织教学、乐学的本质在于艺术的处理教学；让学生在愉快的情境中主动参与到学习中来，对文化与生活的内容进行感知、理解、审美、创造，抒发情感，表达个性与创意，发展想象力、实践能力、创造能力、解决问题的能力，体验学习过程中的成功与快乐，并在愉悦的体验中学会绘画、学会创意、学会创新，这就是“乐趣美术”教学主张为解决“照本宣科”“依葫芦画瓢”等教学现象所提供的思路与手段。

第二节　“乐趣美术”教学主张的阐释

一、“乐趣美术”教学主张的内涵

1. 什么是乐趣

乐，形容欢喜快乐，有乐学之意，而乐学指充满愉悦感的学习心境、学习体验和学习行为。趣，则有主动获得快乐分享之意，是人们对艺术作品最一般的审美要求，也是人们鉴赏艺术作品的基本标准；同时，趣，还有兴趣之意，指认识需要的情绪表现，是一种积极的情绪体验与表现。因此，乐趣即指学生在愉快的学习情境中通过自主合作探究，主动获取知识、体验快乐的审美情趣，其中激发兴趣是关键。

2. 教育中的乐趣

愉快教育创始人、特级教师倪谷音在《我和愉快教育》一书中的愉快教育学习观指出，学习是件乐事，学习应成为一种愉快的活动，努力培养学生形成“以学为乐”的态度，以求趣作为出发点，激发学生对学习的积极追求，引导学生自觉、主动地参与学习。可见，教育中的乐趣存在于学生自我活动、自我实践、自主学习的成功与欢乐体验中，变“苦学”为“乐学”，从“要我学”到“我要学”，实现学习上质的转变。

3. 乐趣美术课堂

乐趣美术课堂是指根据儿童的年龄特点与认知规律，在教师的引导下，营造愉快的学习氛围，让学生主动参与到乐趣调查、乐趣探究、乐趣认知、乐趣分享、乐趣体验、乐趣创作、乐趣评价、乐趣拓展的过程中去感知美、发现美、欣赏美、创造美、升华美，在激趣、引趣、导趣、启趣、展趣的乐学、乐创、乐思的学习过程中，唤起学生对未知领域的探求欲望，体验愉悦和成就感，培养学生审美能力及审美情趣的一种教学活动，形成师生探究、生生探究的愉悦的美术课堂。

二、“乐趣美术”教学主张的理论依据

1. 以美术课程标准为依据

美术课程标准指出：兴趣是学习美术的基本动力之一。美术课程强调以灵活多样的教学方法激发学生的学习兴趣，并使这种兴趣转化为持久的情感态度。美术是人类文化的一个重要组成部分，与社会生活的方方面面有着千丝万缕的联系。通过美术课程，学生了解人类文化的丰富性，在广泛的文化情境中认识美术的特征、美术表现的多样性以及美术对社会生活的独特贡献，并逐步形成热爱祖国优秀文化传统和尊重世界文化多样性的价值观。

2. 以愉快教育和建构主义为理论基础

(1) 愉快教育理论

愉快教育作为一种现代的、科学的教育思想，有其坚实的哲学、生理学、心理学、教育学理论基础。其实质是充分调动师生的积极性，创设乐学的心理氛围，唤起学生的求知兴趣和欲望，让他们主动地、生动活泼地学习并获得全面和谐的发展。愉快教育讲究寓教于乐，让学生在自我实践、体验、探究中感受学习的进步、成功与欢乐，并产生学习的自觉性，由“苦学”到“好学”到“乐学”再到“会学”“创造性地学”。因此，在课堂教学中要创设生动、活泼、和谐、愉悦的教育氛围，激发学生的情趣，唤起学生自主性、能动性和创造性，使他们以最佳的精神状态自觉地参与到各种自我实践、学习体验的教育活动中。

(2) 建构主义理论

建构主义理论的核心可以概括为：以学生为中心，强调学生对知识的主动探索、主动发现和对所学知识意义的主动建构。同时建构主义理论学习观研究表明，“持续学习的有效动机，只有通过引导学生去体验快乐，才能培养起来，这种快乐存在于他们自己所见和所选的问题解决中”。在教学实践中创设有利于激发创新精神的愉悦学习环境，让学生在联系生活、参观本土文化等有趣的活动过程中确立感兴趣的创作主题，并通过思考、讨论、对话等方法，引导学生创造性地运用美术语言进行创作，最大限度地开发学生的创造潜能。

三、“乐趣美术”教学主张的观点与研究的内容

1. “乐趣美术”课堂渗透文化探究

“乐趣美术”课堂，引导学生通过自主与合作探究，发挥家长、教师、学生的力量，对自然景观、重大历史事件、传说、故事、影视、戏剧、民族与民间艺术以及人类文化的遗物、遗迹等进行调查、了解，分类整理；因地制宜，合理开发、编写校本课程教材，渗透到部编美术教材中，营造宽松、和谐、自主、合作的氛围，开展有特色的美术教学活动。利用小组间师生、生生之间互动交流，合作探究解决美术创作与欣赏等问题，形成互助协作、合作探究、共同学习、合作分工的小组学习共同体的美术课堂。

2. “乐趣美术”课堂追求生活探究

美术教学生活化是世界美术教育发展的一个新特点，也是美术课程重要的人文特征。然而，美术源于生活又高于生活，与社会生活的各方面紧密联系。因此，美术教师应结合教材，开展生活化的探究性学习，通过大量充满实践性的生活化的课外艺术活动，在积累中让孩子自由表达自己的思想，体验发现的乐趣。根据美术教材中的学习要求与问题，结合生活经验进行自主学习，运用已有的美术知识尝试创作，通过动手、动眼、动嘴、动脑，主动地去获取知识，形成生活探究课例体系，感受美术的审美价值与美化生活的价值。让学生多看、多想，大胆地创作，掌握学习方法，培养学生自主探究的能力、审美能力和自主创新的意识，形成根据目标进行自主探究、尝试创作，在自主探究性学习的过程中体验快乐获得美术知识与技能的课堂。

3. “乐趣美术”课堂倡导求真、求实、求新

求真，即真实、朴实、可操作，教学中要基于文本，反映生活，让学生在创作中善于表达自己的真情实感。课堂中教师教得生动活泼，学生学得主动积极，把教学中的问题、缺憾与亮点、精华都显现出来，在乐教乐学中打造一个真实的师生互动学习课堂，让教学返璞归真，让“乐趣美术”教学可学可用的教研价值得以体现，从而促进师生的共同成长。

求实，即扎实、富有实效，就是让学生在乐趣的课堂中针对教材与学生设计有效的、高质量的问题，让问题带动探究，组织引导学生自主、探究、

合作学习，进行创作。引导学生用美术的语汇、美术的眼光来欣赏作品，通过教师示范和多媒体互补，用最少的时间，花最少的精力让孩子们掌握学习方法，学到最多的美术知识与技能，让课堂变得生动活泼、富有情趣、简捷有效。

求新，即创新性、前瞻性，就是“乐趣美术”课堂所体现出来的，值得互相学习与借鉴的新的教学理念、新的教学方法、新的教学探索、新的教学技术、新的教学风格等。让“乐趣美术”教学向更新、更高、更好、更有特色的方向前进，使“乐趣美术”教学更有实效、更有新意、更具特色，让教师们更容易接受，让学生们受益。

四、“乐趣美术”教学主张的教学原则

1. 愉悦性原则

愉悦性原则强调，“乐趣美术”教学必须营造一个和谐、宽松、愉悦、合作的氛围，教师乐教，学生乐学，利于激发全体学生自主性、能动性和创造性的乐学心理环境。

实施愉悦性原则的主要要求：一是建立民主、平等的新型师生关系，优化教学交往方式，创设一个和谐愉悦的师生、生生之间心理相融、情感共鸣、思想互通的乐学心理环境；二是教师要激发和保护每一个学生的自尊心和自信心，为具有程度不同、才能优势的学生提供表现和成功的机会，精心营造一个学生自主参与、主动探究、获取成功的课堂教学心理氛围。

2. 主体性原则

主体性原则就是以学生为主体，让每一个学生都在主动的学习活动中，获得全面的发展。“乐趣美术”教学要真正把学习的欢乐还给儿童，就必须把唤醒学生的主体性，培育和发展学生“乐学、会学、能学、想学”的良好个性心理素质扎扎实实地落到实处。实施主体性原则的主要要求：（1）在教学活动中要激发学生的求知欲，创设引人入胜的教学情境，吸引学生主动积极地投入学习。（2）教育方法重在诱导学生的探究欲和表现欲，使学生主动探求和掌握知识，展示自我。（3）要让每一个学生都能从自己的学习行为和学习的成功体验中，发现自己的能力，增强学习信心。

3. 成功性原则

"乐趣美术"不仅在于让学生乐学，更重要的还在于让学生在乐学中学会掌握知识的规律方法，获取成功的体验。获得学习成功的欢乐体验，是增强学生参与意识，培养乐学情感，从而有效投入学习的最有推动力的内部动因。学生学会成功学习，需要一个自我参与、自我认识、自我激励、自我实现的多次来回往返的过程。得到教师和集体对自己的认可和肯定，发现自己的能力，增强自己的信心，满怀成就感，才能去争取更多更大的成功。

贯彻成功性原则的主要要求：

(1) 为每一位学生个体创设表现的机会，一类是学习上有困难的学生，另一类是性格内向的学生，不能让他们成为学习成功的局外人。

(2) 因材施教，设置成功学习目标，给他们提供由其自主选择的达到成功的学习方式和方法，指导学生在乐学中学会成功，在成功中学会学习。

(3) 及时反馈激励的功能，既要对学生的学习结果进行评定性的反馈，也要对学生的学习态度、学习方法、思维方式进行调整性的反馈，帮助学生拓展通向学习成功之路。

五、"乐趣美术"教学主张的实施策略

1. 以赏为乐，趣在于读

图像识读指对美术作品、图形、影像及其他视觉符号的观看、识别和解读。通过比较的方法进行整体观察，感受图像的色彩、材质、肌理和空间等形式特征，了解图像的内涵和意义，了解图像在学习、生活和工作中的作用与价值。

审美判断指对美术作品和现实中的审美对象进行感知、评价、判断与表达。用形式美原理和其他知识对自然、生活和艺术中的审美对象进行感知、描述、分析、评价和判断；并通过语言、文字和图像等方式表达自己的审美感受。

在美术"欣赏·评述"学习领域，对于生活之美、文化之美、自然之美、作品之美、创作之美，如何引导学生用美术的语言、欣赏的方法进行评述，体现美术审美的实用价值，这是美术教学之根本，也是实施美育的核心所在。

对于专题欣赏，除了从造型表现的线条、色彩、构图进行欣赏外，还要让学生了解美术作品的题材、主题、形式、风格与流派，知道重要的美术家和美术作品的时代背景和相关的历史故事，以及美术与生活、历史、文化的关系，能够在文化情境中认识美术，初步形成审美判断能力，加深学生对作品内涵的理解。

对于课堂中的美术作业，则可以采用多种评价欣赏方式，通过学生自评赏析、互评赏析、教师评析等对学生的美术作业进行赏析点评。对学生美术作业的赏析可以从创作构思、表现方式及技能技法等方面进行，既要充分肯定学生的进步和发展，也要使学生明确需要克服的弱点并找到发展的方向。

例如，在上《工艺美术作品欣赏》一课时，组织学生参观了坑里的根雕艺术馆。当这些巧夺天工的根雕作品展现在同学们面前时，学生们不由地惊叹：“太漂亮了！”可见，这些作品已深深震撼着孩子们的心。在众多的根雕作品中，最让学生感兴趣的是高 6.8 米的根雕作品“妈祖”神像。笔者利用学生的兴趣点，让各小组同学现场考察、探讨根雕作品“妈祖”的制作过程及“妈祖”的由来。孩子们纷纷行动起来，通过采访根雕艺术家张木芳，知道这座自然质朴、生动传神、蕴意深远的根雕作品是 1998 年洪灾时从玉山镇泥石流中冲刷出的一根巨木，根据其自然形体加以想象后人工雕刻而成，让学生欣赏、感受到了“随形联想”的重要。通过讨论交流和笔者的补充，孩子们知道了“妈祖”是一千多年前生活在海峡西岸莆田市的一位姑娘，她一生行善济世，助困救难，去世后当地乡亲于湄洲岛上为她立庙奉祀，被尊为“海上女神——妈祖”。

2. **以学为乐，趣在于思**

文化理解指从文化的角度观察和理解美术作品、美术现象和美术观念，了解美术与文化的关系；认识中华优秀传统美术的文化内涵及其独特艺术魅力，形成对中华文化的认同感。

在美术生活与文化探究中，通过调查、探讨、认知等形式，让学生走进地方特有的优秀文化资源，走入社区了解家乡的历史现状、民族特色、古建筑、传说故事等背后的文化内涵，明确祖先给我们留下了什么，探讨本土文化及生活资源对我们有何意义，对本土文化的节奏、韵律、构图等进行初步的解读。在此基础上，通过教师、民间艺人等对本土文化内涵的补充讲解及其表现技法的示范传授，使学生在真情实感的实践活动中明确本土文化的内涵与价值，感受生活与文化探究的乐趣。在乐与趣（探究与接受）相融的过程中，激活学生原初的生命感悟力与创造力，促使其不断提升智慧、审美和文化感悟，使本土文化的意义与价值在学生的探究之旅中得到传承。

例如：《凝固的音乐——建筑》一课教学。教材出示的是故宫的乾清宫、太和殿等建筑，教学中先介绍了故宫建筑的历史、材质、造型特点，接着对云龙石雕、宫门和屋檐上的仙人走兽等细节结合书中的文字提示与搜集的资料进行探究交流。教材的编排，给教材地方文化的开发、利用与融入提供了广阔的空间。以文化理解的方式，让学生根据课前收集的当地古建筑资料，用展板分成桥梁、古城墙、亭台楼阁、古民居、庙宇五块，从建筑的历史、结构、用途等角度进行互动交流。既是对教材内容的拓展与补充，又激发了学生学习的兴趣；既激活了课堂，又突显了教学的特色、品质与实效。让本土文化在学生的审美体验中得以传承，将文化与资源互补优化教学的目标落到实处，让每一个学生的潜质和优势都能在交互学习中发挥其重要作用，体验美术课堂学习的乐趣。

3. **以创为乐，趣在于达**

美术表现指运用传统与现代媒材、技术，结合美术语言，通过观察、想象、构思、表现等过程，创造有意味的视觉形象，表达自己的意图、思想和情感。

创意实践指由创新意识主导的思维和行为。是运用联想、想象和变通的方式进行构想与生成有创意的意图，并利用传统和现代的材料、工具与方法进行创造和实践。其中，创新意识指做事有与众不同的愿望和意识，没有这一愿望和意识，创造思维和行为就难以发生。

美术创造是儿童的天性。教师创造性地教，学生创造性地学，要把学生对生活和文化的探究通过课堂组织不同的形式、不同个性的内容、不同的美术表现形式与手段等予以创造，以情育人，让学生学会学习、学会绘画的同时，感受美术形体、结构造型创造所带来的乐趣。

“乐趣美术”从“以生为本”出发，根据学生的年龄特征与认知水平，对学生学习方法进行研究，探索适合学生身心特征和美术学科特点的学习方法与表现方法。在学习方法上，让学生利用不同媒材在探究学习、自主学习、合作学习的乐趣课堂中学有所用，学有所悟，学有所得，学有所乐，从乐学的状态到学乐的境界，体验学习的成功与乐趣。可以在表现形式上有所创意，如，线描画、黑白画、色彩画；可以在线条的组织上与众不同；也可以是在构图上富有创意；还可以因地制宜地把绘画与手工相结合，以实现表现形式的多样化、个性化，真正让学生体验美术创作多样性的乐与趣。

例如《会动的线条》一课教学。课堂上教师大胆地把音乐与美术进行整合，并在难度上提升，注重线的长短、疏密、形状的变化，让学生在玩中动起来，在音乐中舞起来，充分体验线条变化给他们带来的快乐，从而把课堂教学推到了高潮。同时，利用建瓯版画的深厚文化底蕴的优势，让学生结合生活，用单色版画把变化的线条表现出来。学生们的积极性很高，创作欲极强，因此作品内容丰富、个性鲜明，创作出不同形体的鱼、车等。学生在情境中拓宽了创作视野，体验了成功带来的快乐。

六、“乐趣美术”教学主张的课堂表征

1. “乐趣美术”课堂的“三环五步”教学模式

(1) 三环。

第一环：以趣激学（提出问题，激发动机）

第二环：以趣导学（组织认知，解决问题）

第三环：以趣励学（成功激励，反馈延伸）

(2) 五步。

第一步：乐趣调查——以疑激学（感知美）——激趣

明确学习任务及方法，以影像、图片、文字资料等方式，出示课前搜集的关于学习对象的信息（关于学习对象的已有生活经验），在教学导入时进行交流。

第二步：乐趣探究——以读导学（发现美）——导趣

利用多媒体等创设情境，巧用课件出示学习目标与问题，通过搜集的材料（或已有的知识经验），按要求完成读图等学习任务。

第三步：乐趣认知——以思引学（欣赏美）——引趣

充分运用多媒体，学习小组的同学互问、互听、互赏，明确学习对象的

表现形式、文化内涵、艺术形态，进行质疑、思考、互查、互学。

第四步：乐趣体验——以达展学（创造美）——展趣

通过交流分享，结合生活经验，感悟学习对象或本土文化的内涵，用造型表现或绘制的方式表达内心感受，用自主与合作的方式创作个性化的美术作品，体验造型表现的乐趣。

第五步：乐趣拓展——以成励学（升华美）——持趣

运用多媒体进行讲解，梳理学习方法，引导学生用正确的美术语言对作品进行赏析，感悟美术作品或地方文化的魅力。

"三环五步"教学模式以亲近自然感受美、融入音乐体验美、借助媒体享受美、欣赏评价理解美、走进生活发现美、互动探究创造美，让学生掌握发现美、感知美、体验美、欣赏美、创造美、享受美的方法，在美的熏陶中成长，在乐趣探究中成为学习的主人。

2. "乐趣美术"课堂的实施模式

"乐趣美术"课堂的实施模式由教学结构、教学秩序、教学方法组成。在教学结构中，按材料用具分类教学内容；以班级、小组、个人课内外的组织形式进行合理分布，通过教师、学生、社区代表、家长的角色互动，构建持续、民主、开放、有效的开发网络，把校内资源与校外资源开发相结合，使校本课程的开发符合学生实际，符合本土实际、教师实际，体现学校特色。而以调查、探究、认知、体验、拓展的教学程序递进开展，体现了以生为本的理念，让学生在实践过程中了解家乡的民族特色、古建筑、传说、民俗等。同时，通过以生命为本的教学方法的构建实施，学生在教师的引导及社区代表、家长参与协助下，在多元互动、合作交流、发现探究、自主创新的教学与学习方式中认识自己、认识自然、认识生活、认识家园、认识脚下的这片土地及这片土地上的文化，使本土文化在学生的生命之旅中得到传承实施。

下面具体介绍教学程序的实施。

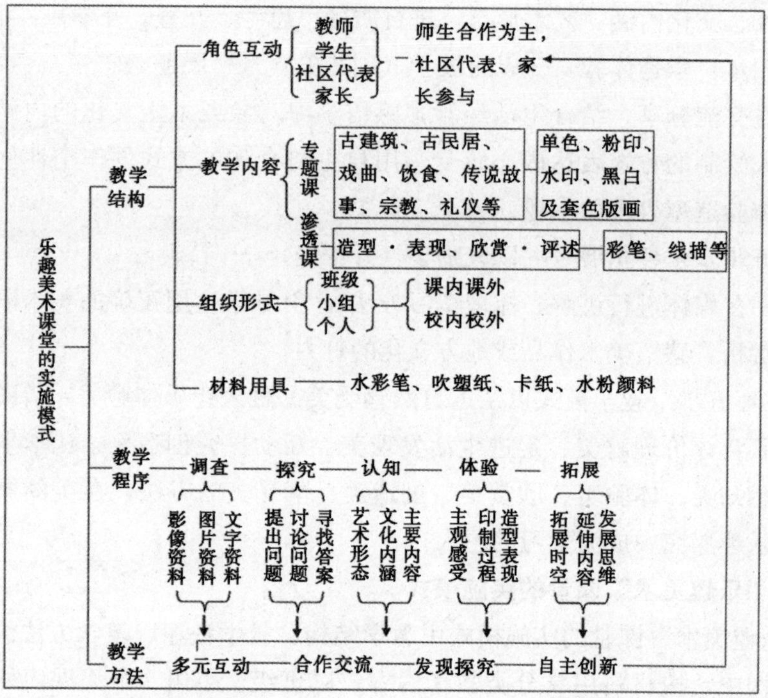

调查质疑：以社区为基础，以本土文化为资源，利用节假日课外活动分小组开展假日小队活动。在教师的引导下，让家长与学生们走入社区，开展“走进家乡的文化”活动，让学生了解家乡的历史现状、民族特色、古建筑、传说、民俗等，了解其背后的文化内涵。在合作、互动、寻找、发现、体验的过程中，学生获得了知识，提高了能力，并以文字、图片、实物、影像、绘画、日记等形式，广泛搜集资料，为下一阶段学习做好充分准备。

探究解疑：根据学生自主调查得到的相关资料进行探究教学。通过互动交流、民主讨论、合作探究的形式，引领学生对“祖先留下什么”“本土美术对我们有何意义”“如何面对我们的本土文化”等话题进行广泛的交流与探究，激发学生对本土文化的关注。

认知思辨：一是对本土美术作品中的点、线、面、形、色彩、节奏、韵律、构图、材质、肌理等艺术形式进行审美观照和审美判断，不断提高视觉感受能力和读图能力。二是加强学生对本土美术背后文化的关注，对本民族发展精神的关注，对本土文化价值取向的关注，促使本土文化在学生生命的血脉中流淌。三是解读优秀的传统美术作品，了解祖先的生存环境和生活方式及作者的情感态度价值观，激发对家乡的热爱，对本土文化的感情，使教育传承走向一个新的境界。

体验创造：一是激活学生原初生动的感召力，使本土文化与自己的生活境遇、人生经验进行体验交流，借助直观的现实，获得一种感悟与理解。二是在造型表现中，尊重儿童生命状态的自然表述，引导和启发学生的表现冲动，让孩子们根据自己对本土文化的认知和理解，大胆创造，外化情感和认识，激发想象力和创新意识。三是通过绘制过程的探索和实践，体验抒发自我情感及想象的乐趣，体验本土文化造型表现的乐趣，体验生命表达的乐趣。在生命个体与本土文化的对话中，实现生命意义的不断超越。

拓展评价：以综合活动的形式拓宽时空，延伸内容、扩大视野、发展思维；以开放的眼光来看待丰富多彩的本土文化，理解整体性的本土文化结构；以更加宽广的视野，关注和整合本土文化课程，如：版画时装秀，把版画印在衬衫上进行T台表演。

3. “乐趣美术”课堂教材内容的结构化与彰显化

（1）根据美术教材内容对一些适合融入本土文化的课题进行开发利用。把地方文化资源与教材内容有机结合，探寻、梳理出可开发利用的课题，并进行系统的分类、整理，形成可开发、利用、传承的结构体系，如下表（以人美版美术教材为例，括号内为册数）：

文化类别	可开发的课题	可利用的资源	传承效验
古民居	家乡的老房子（11）、家乡的历史和发展（11）、家乡的艺术（11）、发现老房子的美（12）、绘画中的透视现象（9）、飞天（9）等。	武夷山的下梅古民居、邵武的和平古镇、浦城的古埠观前、光泽的崇仁明清古街等。	通过探访、写生创作，学生们了解了古民居建筑特点、年代，知道各种雕刻图案的寓意。
古遗址、建筑	漂亮的建筑（1）、雄伟的塔（3）、威武的盾牌（6）、中国龙（6）、有趣的汉字（9）、雕塑之美（10）、色彩对比（10）、凝固的音乐——建筑（11）、装饰柱（12）等。	建瓯的鼓楼、武夷山的古汉城遗址、建阳的考亭书院、松溪的湛卢文化、建瓯的孔庙、建瓯的东汉覆船山古城遗址、武夷山的五夫朱子故里等。	通过调查探究，学生们了解了千百年来祖先们的生存环境和生活方式，知道了闽越文化、朱子文化的人生哲理。

名人、传说	卵石动物造型（6）、画家凡·高（8）、人民艺术家——齐白石（10）、20世纪的艺术大师（10）、故事里的人（11）等。	彭武彭夷开辟武夷山的传说、大王与玉女的传说、九曲溪和八仙的故事、朱子文化、顺昌宝山神猴文化、明太师杨荣、芝城之母练氏夫人、南宋法医学家宋慈等。	通过搜集，学生们感受了真、善、美的家乡民间文化。
自然景观	五彩路（1）、画夜景（4）、四季的色彩（7）、山水画（10）、参观券的设计（11）、神州风采（11）、探访自然的奇观（12）等。	世界文化与自然遗产武夷山、建瓯归宗岩、邵武天成奇峡、延平区郊茫荡山、浦城荣华山、南平石佛山、建阳鲤鱼山多宝塔、政和洞宫山、政和佛子山等。	通过了解、赏析家乡的世界遗产，感悟中华民族悠久的文化艺术与民族精神，激发民族自信心与自豪感。
民俗活动	我们来跳舞（3）、节日的装饰（3）、过春节（3）、绘画中的节日（4）、面具（5）、红色的画（5）、精彩的戏曲（8）、偶戏（9）、提线纸偶（9）、戏曲人物（11）等。	邵武三角戏、政和四平戏、建瓯挑幡、延平蛇文化节、沙县打狮、吴大元村畲族文化、建瓯伞技、邵武傩舞、闽北游春戏、建阳烛桥灯会、陕阳战胜鼓等。	了解家乡丰富多彩的民俗活动，探访祖先生存的足迹，掌握表现活动的不同方法。
民间工艺	漂亮的瓶子（2）、百变团花（3）、吊饰（4）、节节虫（4）、做笔筒（4）、捏泥巴（5）、民间面塑（4）、吉祥图案（6）、剪纸中的阳刻与阴刻（7）、学画农民画（8）、家乡的艺术（11）、剪纸中的古老记忆（12）等。	中国笋竹城建瓯、浦城民间剪纸、武夷根艺城、建瓯盆景、建阳建窑、建阳工笔画等。	通过调查，学生们了解了家乡工艺品的特色和制作方法，并仿照尝试创作。

饮食文化	神气的小厨师（1）、家乡的小吃（11）等。	建瓯弓鱼、光饼、板鸭、冬笋炒底、豆浆粉，浦城豆腐丸，政和山珍糕，武夷山文公菜，邵武食抓糍尻米庄糍，建阳火烧豆荚等。	通过学生调查，了解家乡特有的饮食文化，明确了家乡小吃的历史、特色和制作方法，并尝试用多种方法制作。
版画	对印版画（5）、大嘴怪（6）、亲亲密密一家子（7）、刻印的乐趣（8）、在快乐的节日里（10）、用各种各样的材料来制版（12）等。	中国版画之乡——建瓯、松溪，松溪版画研究院、建安版画等。	学生们了解家乡版画的历史与特点，通过尝试制作掌握简单的版画的表现形式与方法。
茶文化	杯子的设计（9）、捏泥巴（5）、大树的故事（3）、家乡美（10）、我们去旅游（10）等。	万里茶路、“大红袍”、北苑贡茶、政和功夫茶、松溪水仙茶等。	通过了解历史悠久的武夷茶文化，认识“大红袍”等采茶、制茶工艺的流程，掌握用不同的方式表现茶文化。

（2）通过用探究与接受相结合的学习方式，对地方文化资源进行分类梳理，形成系统的课堂教学内容（如下表）。

地方文化资源分类	学习方式与内容			
	探究学习	角色活动	接受学习	角色活动
闽北山水	收集闽北山水自然美、人文美的图片，如：武夷山九曲溪、玉女峰，松溪湛卢山，邵武天成奇峡等。了解闽北山水美丽传说，如：大王与玉女的故事。	家长、学生、教师、民俗艺人。	读美丽传说，感受真、善、美的民间文化。学习用国画、剪纸、线描的方法表现闽北山水之美。	教师、导游、学生。

闽北古建筑	了解古建筑特点，搜集、感悟各种民间雕刻图案的寓意，如：武夷山下梅古民居，邵武和平古镇，建瓯东岳庙、古廊桥等。	家长、学生、教师、艺人。	解读闽越文化、朱子文化及古建筑雕刻图案的样式与内涵。学习用线描、国画的方法表现古建筑。	导游、教师、学生。
闽北民俗	了解具有地方特色民俗活动的内容及由来，探究祖先的生活足迹，如：政和四平戏 、邵武傩舞、建瓯挑幡、建阳烛桥灯会、武夷山柴头会等。	民俗专家、家长、学生、教师	解读闽北各地民俗活动的意义、特点，了解祖先的生存环境和生活方式。学习用线描、速写、国画的方法表现民俗活动。	民俗专家、教师、学生
闽北红土地	搜集、了解革命历史的图片及故事。如：闽北各地的革命历史纪念馆等。	老红军、家长、学生、教师。	听老红军讲故事，接受革命历史文化的教育，缅怀革命先烈的丰功伟绩。学习用彩墨、线描的方法表现革命历史的图片与画面。	老红军、教师、学生。
闽北茶文化	了解历史悠久的闽北茶文化，收集北苑贡茶、大红袍等名茶的采茶、制茶工艺的图片资料。如：北苑御焙遗址、建安建窨等。	茶艺人、家长、学生、教师。	解读万里茶路的渊源，讲解“北苑贡茶”“建盏”的文化内涵及武夷茶的历史故事。学习用线描、版画的方法表现闽北茶文化。	茶艺人、民俗专家、学生、教师。

闽北动植物	认识闽北特有的生物与植物种类。如：浏览武夷山自然博物馆、万木林自然保护区。	家长、学生、教师、馆长	讲解生物与植物的特点，明确保护稀有生物与植物的意义。学习用线描写生、彩笔画的方法表现闽北动植物。	教师、学生、馆长、园长

第三节　“乐趣美术”教学主张提炼之感想

福建省第二届小学名师培养人选每一次研修培训都围绕着名师教学主张的提炼与完善展开，内容丰富，既有专家、教授的讲座，又有与导师们一对一的教学主张个性化指导，以及由教学主张生成的课题研讨。每一天的研修活动都令人期待，收获满满。特别是余文森教授的总结与点评，让人对名师教学主张回味无穷。正如余文森教授所说：“教学主张是一个名师的旗帜，是一个名师的标杆，是一个名师的名片，将伴随大家一生，不会是一蹴而就的，要调整好心态，像酿酒一样，慢慢来，慢慢来……”笔者面对自己的“乐趣美术”教学主张与课题的提炼，感受颇多。

一、教学主张的提炼是一个教学与儿童研究的过程

教学是教师教与学生学的双边互动活动，教学是为了儿童研究，儿童研究需要教学，教学与儿童研究的融合是教学的第一主张，这是培训第一天的感受。在这一天，成尚荣教授侃侃而谈，旁征博引，条理清晰，言语精辟，思想深邃，将教学与儿童研究融合在一起，从教育学、教学的核心问题，名师的成长、教学现状等不同视角讲解为什么进行儿童研究。因此，我认识到教学主张要聚心于发展儿童核心素养上，聚力于儿童的学习上，聚焦在情感、思维、审美上。“乐趣美术”教学主张正是根据儿童的年龄特点与认知规律，唤起学生对美术学习的自觉性、能动性和创造性，使学生以最佳的精神状态

参与到乐学、乐创、乐思的美术学习活动中，形成教师乐教、学生乐学的场面。这与成尚荣教授的观点不谋而合。

“乐趣美术”教学主张中让儿童主动参与到乐趣调查、乐趣探究、乐趣认知、乐趣分享、乐趣体验、乐趣创作、乐趣评价的过程中去感知美、发现美、欣赏美、创造美、升华美，也与吴刚平教授的“记中学、做中学、悟中学”相符。但要做得更深入的是“记中学与事实性知识，做中学与方法性知识，悟中学与价值性知识”。吴刚平教授关于在课堂教学中如何落实做中学与悟中学的讲解提供了范式，给了我深深的启发。我将教学与儿童的学习研究，从“教”转向“学”，确立学习中心的地位，构建学习中心的课堂，让儿童在原生态中学习、在共同体中学习，做到教学与儿童研究相融，使“乐趣美术”的教学主张得到升华！

二、教学主张的提炼是一个课题研究与提升的过程

名师培训研修要求研读专家专著，其中由成尚荣与余文森教授主编的《教学主张与名师成长》一书，深深地感染着我。成尚荣教授指出：“教学主张及其实验最适合的表达是用课题的方式，因为课题最具凝练性，是理念精髓的揭示，是研究重点的表达，也是发展方向的引领。”因此，将“乐趣美术”教学主张形成课题来研究，既是对教学主张的进一步确认，又能在研究中对其提炼、提升，使之更准确、更清晰、更完善，这才是名师成长有效的成功之路。

余文森教授则更加翔实地对教学主张课题化研究进行了讲解，他说：“名师不仅要敢于、善于提出教学主张，而且还要围绕教学主张系统地开展研究，这个研究就是名师的个人课题研究，它主要包括教学主张的理论研究与实践研究两个方面。”导师的一席“教学主张”落地于“课题研究”的言论，引领着我研究的方向，鼓舞着我研究的动力，我对“乐趣美术”教学主张提炼下形成的“基于核心素养下的‘乐趣美术’课堂构建探究”课题研究的目标、内容更加明晰，对“乐趣美术”教学主张的理论基础和依据、核心概念、具体观点与内容理解更加透彻，对“乐趣美术”教学主张的教材化研究、教学化研究、人格化研究思路更加明确。

在“乐趣美术”教学主张课题化的下一阶段研究中，我根据专家、导师的研究理论与经验，与课题团队一起进行教学实践研究，逐步确立“乐趣美术”课堂教学方式，形成以教学结构、教学程序、教学方法为体系的“乐趣美术”课程实施模式。把生活美术素材、地方文化资源与美术教材的内容有机结合，探寻、梳理出可开发、利用的教学课题，进行系统的分类、整理，形成体系，初步形成“乐趣美术”的教学风格、教学原则、教学思想，让教学主张在课题的研究与提升中走向成熟与完善！

三、教学主张的提炼是一个完善与实践研究的过程

研修中的每一天都是教学主张理论与实践对话，导师与学员的对话。既有理论导师、实践导师与学员面对面的交流指导，又有学员的教学主张汇报交流，还有教授、导师的点评，可谓是一顿丰盛的大餐。

在理论导师与实践导师的个性化教学主张指导中，导师江启华教授、名师魏思东对“乐趣美术”教学主张的提出、内涵概念、理论依据、实施策略等一一地进行点对点的讲评、梳理，并对研究的架构体系、实施路径提出更加完善的建议，同时对“乐趣美术”教学主张生成的课题及论文写作议题进行选题指导，让我对自己的“乐趣美术”教学主张更加坚定与自信。

在学员的教学主张汇报中，有语文组陈朝蔚老师的“学用相融”教学主张、数学组吴嫦云老师“趣智数学”教学主张、综合组林爱花老师“美的品德”教学主张等，她们从教学主张的内涵、理论依据和实践路径进行了阐述。对比自己的“乐趣美术”教学主张，在实践路径上还要更加细化与完善，使之更具适用性与操作性。

在教授、导师的点评中，理论导师、福建师范大学张荣伟教授引导要认真思考三个问题：“什么是教学主张？教学主张从哪里来？教学主张最终要到哪里去？”他指出教学主张来源的三个途径分别是专业实践、专业交往和专业阅读。教学主张虽然将会以文章、论著的形式表达出来，但最终需要回到课堂教学实践中去，成为自己的教学风格。因此，对于“乐趣美术”教学主张的实施要特别注重理论与实践的相互构建，从现阶段的“自在教学实践”形态，走向理论指导下的“自觉教学实践”，让教学主张更接“地气”。而江苏

省名师管建刚与周卫东个性化教学主张的示范传授，让我更加明晰教学主张是一个完善与实践研究的过程。

四、教学主张的提炼是一个艰辛与美美与共的过程

在研修培训中，让我感触最深的是余文森教授所讲的：教学主张的提炼是一件“有用”的事情，是一个有意义的过程，能助推名师从优秀走向卓越，实现专业发展的飞跃；教学主张的提炼是一个“智力游戏”般的艰辛旅程，是对已有的经验和思考进行“否定之否定”的痛苦过程，每个人都必须忍受“生产”之前的阵痛和煎熬；教学主张的提炼是一个“美美与共”的过程，这个过程是一个自己与专家、与书籍、与导师、与同伴、与自我美美对话、相互发现和欣赏的过程。余文森教授的这一席话，讲出了我的心声。在“乐趣美术”教学主张的提炼中，我从无意识的参与培训，到根据教学经验总结出“探究式美术”的教学主张，代表综合组进行汇报，然后被余文森教授否定，再经过煎熬，然后再思索提炼出可行的“乐趣美术”教学主张，最后得到理论导师江启华与实践导师魏思东的认可、余文森教授的肯定。这一路走来，教学主张的提出、被否定、再思索、再提炼、被肯定，的确是一个艰辛的、美美与共的过程。

阶段的研究要像江苏省名师管建刚所说的“明心静性”，选择属于自己独一无二的想法、做法，并坚持自己的选择，坚持走下去。从经验走向理论，从熟练走向成熟，从教学自信走向教学自觉，从教学个性走向教学风格，从有效教学走向意义教学，让“乐趣美术”这个教学主张的“智力游戏”过程更加的成熟与完美！

福建省第二届小学名师培养人选集中研修活动转眼即逝，在各位导师悉心指导与项目团队精心安排下，培训收获颇丰，满载而归。在归去的行囊中承载着专家、导师们的谆谆教诲和殷殷期盼，开心的是自己的“乐趣美术”教学主张在导师、专家、同学们的研讨与帮助下更加完善，让我对教学主张及课题研究更加的坚定与自信。

第二章　实践研究

第一节　“乐趣美术”教学主张的课题化研究

闽北古风浓郁，民俗淳厚，自然景观与人文景观交融，多元文化与本土文化结缘，是八闽大地上少有的“文化沉积带”。在深厚的文化底蕴的映衬下，笔者开展了教育部福建师范大学基础教育课程研究中心2018年开放课题暨福建省名师专项课题“基于核心素养下的‘乐趣美术’课堂构建探究”的研究。在研究过程中，课题组通过健全机构，统一认识，抓好常规，开展有效的校本教研活动，从“乐趣美术”的概念与内涵、理论基础、具体观点、教材教学等方面展开研究，取得了一定的成效。

一、过程研究有序化

（一）健全机构，明确内涵

1. 健全机构、明确分工与职责，为课题顺利深入地开展打下坚实的基础

课题组长：叶杨荣，全面负责课题实验工作，组织开展实验研究活动，收集相关实验资料。

课题小组长：林敬敏、田永芳、魏永平为学科课题小组负责人，负责各课题小组的实验，带领各小组成员完成课题相关工作。

2. 组织学习、统一认识，明确课题研究的内涵与重要性

在课题研究中，课题负责人对“乐趣”与“文化”的内涵进行了讲解，使课题成员们能从课题研究核心概念展开有效研究。其一，乐趣。乐形容欢喜快乐，有乐学之意，而乐学指充满愉悦感的学习心境、学习体验和学习行

为。趣，则有主动获得快乐分享之意，是人们对艺术作品最一般的审美要求，也是人们鉴赏艺术作品的基本标准；同时，趣还有兴趣之意，指认识需要的情绪表现，是一种积极的情绪体验与表现。乐趣则指学生在愉快的学习情境中通过自主合作探究，主动获取知识体验快乐的审美情趣。其二，文化。教育部基础教育改革美术课程标准研制课题组组长、北京首都师范大学教授尹少淳教授指出：“举凡人类所创造的物质和精神的产品都是文化。”闽北地方文化资源指具有闽北地方特色的，别的地方没有或少有的建筑、自然景观、民俗、传说、戏曲等文化与自然遗产背后的文化资源。同时课题组对美术学科的核心素养：图像识读、审美判断、美术表现、创意实践、文化理解等，如何在课题研究中落实进行了学习，让全体课题成员明确研究的方向。

（二）加强管理，提高素质

1. 加强培训，提升教师素质

利用课题研究平台，及时传达福建省名师培训教学主张、课题交流情况，邀请导师、专家来校培训指导，提高教师课题研究的能力。

2. 强化管理，确保研究效果

为了使课题研究取得突破，保证研究的效果，课题团队强化对课题实验的管理，尤其是课题研究的过程管理。要求课题有计划总结，有阶段成果分析，有阶段实验报告，有教科研成果，同时对研究的资料进行归档整理，使课题正常有序地进行，确保研究的实效。

（三）抓好常规，注重细节

1. 突出重点，开展各项活动

“乐趣美术”课题研讨活动，既为教师提供了施展才华的舞台，也提高了教师教科研水平。自课题开展以来，全体课题成员教师紧紧围绕课题内涵开展丰富多样的研讨活动。

首先，积极参加各级各类教研活动，更新观念，开阔眼界。其中，叶杨荣、林敬敏、田永芳等老师参加全国美术优质课观摩、福建省名师、福建省教科所组织的研讨活动等，带回了不少先进教育理念和宝贵经验，为“乐趣美术”课题的开展注入新的活力。

其次，立足课堂，积极开展课题研究活动，以教研促教学。课题研究课体现着课题的思想和研究活动的进展，在研究课上下功夫，每阶段骨干教师上观摩课，如：林敬敏老师执教的《有趣的彩泥》，从乐趣教学与文化结合的视角促进课题常态有效开展。

2. 开展有效的校本教研

充分利用教研活动时间，以备课、上课、说课、听课、评课为主要内容，以同课异构的方式做好“乐趣美术”课堂构建的研讨活动，推行“一课三评”的研讨方式，形成“自学＋反思”的学习方式，推动课题的实施。

3. 开展形式多样的艺术节活动，让学生在文化乐趣体验中快乐成长

（1）2018—2019年建瓯市第一小学开展了百人版画表演、时装秀等，让学生有充分展示的空间。建瓯市第二小学举办了以“可爱的家乡”为主题的大型画展，芝山小学举办了“庆国庆”画展，展出有地方特色的作品，还在教学楼中布置突显地方文化特色的图片。建瓯市芝山小学在“可爱的家乡”中队主题会中50名同学集体绘画了“我眼中的建瓯”。形式多样的活动让学生从中体验美术的乐趣，形成高尚的个性品质和健康的审美情趣，凸显学校办学特色的吸引力，让学校教育充满生机活力。

（2）建瓯市第一小学与建瓯市青少年活动中心携手创建中心版画室，开展粉印版画、水印版画、黑白木刻版画、套色木刻版画、绝版套色木刻版画的学习与制作，学生依据本土文化创作的作品参加由中国教育学会美术专业委员会、市教育局等单位主办的美术大赛，获一、二、三等奖近百人，部分学生的作品赴澳大利亚、香港、台湾、新加坡等地展出，有效地将民族文化的传承落实到具体的教学中，让学生在文化体验中健康、多元、快乐地成长。

总之，在课题的研究过程中，学生们通过参加形式多样的活动，在实践调查、探究中发现和解决问题，最大限度地开发学生的创造潜能，培养学生的兴趣，树立学生学习信心。同时，通过课题研究，拓展了教师的专业领域，让教师初步掌握一定的课程开发技术，发展教师的专业能力，使教师开发地方资源的信心得到树立，价值得到体现，让课堂在乐趣教学与文化情境中真正焕发生命活力。

二、实施方法有效化

在教学实践中，教师们发现地方文化资源融入教学是对教材地域性文化

资源缺失的有效补充。教育部福建师范大学基础教育课程研究中心 2018 年开放课题暨福建省名师专项课题“基于核心素养下的‘乐趣美术’课堂构建探究”的实施，正是在文化视域下，通过“乐趣美术”课堂构建对这一问题进行有效研究。课题组采用“明晰研究内容，运用有效方法”的策略，不仅活跃了课堂，提升了教学质量，而且培养了学生的自主学习能力、社会实践能力，让学生在更为宽广的愉悦审美视界中涵养人生。

（一）明晰研究内容，理清研究思路

课题组通过初期调研，制订了研究的内容：1. 主要以闽北本地的古民居、自然景观、民风民俗、传说、戏曲等文化与自然遗产为切入点进行研究，逐步形成以本地古民居、建筑、民风民俗为核心的校本课程体系。2. 通过调查、探究、认知、体验、拓展的教学方式，逐步形成富有成效的地方文化教学传承模式。3. 以学生的发展为本，以生命为本，用生命科学理论，研究本土文化教育传承，促进学生自然生命向智慧生命、审美生命和文化生命发展。通过多元互动，培养学生的人文精神和审美能力，使学生在开发与制作的过程中形成基本的美术素养。

“名师不仅要敢于、善于提出教学主张，而且还要围绕教学主张系统开展研究。”依托教学主张课题，在实践探究中形成以教学结构、教学程序、教学方法为体系的“乐趣美术”的实施模式。在教学实践中，通过探索逐步形成情境激趣、探究激趣、分享激趣、创造激趣、赏析激趣的“乐趣美术”课堂教学方式，以亲近自然感受美、融入音乐体验美、借助媒体享受美、欣赏评价理解美、走进生活发现美、互动探究创造美，让学生掌握发现美、感知美、体验美、欣赏美、创造美、享受美的方法，在美的熏陶中成长，成为学习的主人。

同时，根据教材对生活美术素材与一些适合融入本土文化的内容进行开发、利用，把生活美术素材、地方文化资源与美术教材的内容有机结合，探寻、梳理出可开发、利用的课题，进行系统的分类、整理，形成可开发、可利用、可传承的体系，突显“乐趣美术”课堂教材内容的结构化与彰显化。开展、参与各项研讨及竞赛活动，收集各项教学设计、案例等，构建“乐趣美术”教学主张的教学模式，撰写研究报告与研究论文、论著等，初步形成自己的教学风格、教学原则、教学思想。

课题的研究严格按照“现状分析—课题论证—制订方案—实践研究—交流总结—申请结题”的研究思路进行。以丰富的闽北传统文化资源为基础，以义务教育《美术课程标准》为依据，推陈出新，充分利用“大武夷”的民族、民间艺术资源以及文物资源，开展各种形式的美术教育活动。

（二）采用有效方法，提升研究实效

1. 通过文献研究，建立开发架构。通过查阅文献，对研究所涉及的重要内容和命题进行辨析，以便提供必要的研究指向和问题框架，并借助理论和经验，指导实验研究，建立开发构架。其中，理论依据主要来源于教育理论书籍、杂志的相关资料，如：辜敏、杨春生编著的《美术教学实施指南》、尹少淳著的《让文化的辉光映照美术教育》、余文森著的《核心素养导向的课堂教学》、倪谷音编著的《愉快教育》、陶行知的生活教育理论，及建构主义理论等。课题组对收集到的地方文化开发及有效的美术教学等文献资料进行分类整理，使之条理化、系统化。制订研究目标与实施方案，明确核心概念，建立“乐趣美术”课堂实施模式的架构：教学结构（角色互动、教学内容、组织形式、材料用具）—教学程序（调查、探究、认知、体验、拓展）—教学方法（多元互动、合作交流、发现探究、自主创新），使课题的研究思路明确。

2. 通过调查研究，形成课程体系。教师和学生开展研究性学习活动，对当地的本土文化进行资料的搜集，并分析研究，在对传统文化的理解下，对闽北的传统文化进行模仿创作和借鉴创作，为研究的顺利进行提供事实性依据。课题组每学期初，根据美术教材的内容制订搜集计划，对一些适合于教学的本土文化艺术图片、背景资料进行搜集。例如，在建瓯“挑幡”调查中，学生们通过采访艺人，知道了“挑幡”是为庆祝明末清初郑成功收复台湾，将士们将带回的军旗置于长竿之上，尽情挥舞，便逐渐演化为今日的“挑幡”习俗。而在现场观察体验中，学生们还知道了“幡”的制作方法，还有“脚踢西方柱”等表演套路。这样日积月累，便会逐步地建立起属于自己的本土文化资源的资料库，为优化教学奠基。同时，课题组还召开了版画校本教材“选题”辩论会。例如，让学生根据自己搜集的资料为开发的选题进行辩述，有的以“光孝寺”为题，有的以家乡的建筑“五凤楼”为题，既让参与的同学个性得到张扬、成果得到肯定，也让全体同学的审美情感得到升华。这样的实践调查研究，学生印象深刻，助推了地方文化校本课程的开发与体系的形成。

3. 通过经验总结，建构“三环五步”教学。重视资料积累，按研究内容进行阶段性总结，在总结的基础上形成模式，并对研究进行论证和推广。例如，在中期、结题论证研讨中，课题组教师对“基于核心素养下的‘乐趣美术’课堂构建探究”进行总结，创建“乐趣美术”课堂实施模式，构建有效的“三环五步”课堂教学方式。

课题组教师在论证的基础上，分别在刊物及各级培训中进行推广与交流。这样，研究内容明确，边实践，边总结，边完善，把研究与实践紧密地结合起来。在实践“乐趣美术”课堂实施模式，以及“三环五步”课堂教学方式的基础上，开发了版画校本教材。课题研究促进教师专业团队成长，课题成果的辐射促进地级骨干教师的成长，提升了课题的研究效益与价值。

三、校本研训常态化

自开展“基于核心素养下的‘乐趣美术’课堂构建探究”课题系列活动以来，与各实验校一道以“乐趣”为媒，把课程改革与提高美术教育教学质量作为核心，结合教师教学技能比赛，师生合力开展了课题课改系列活动，促进了教师专业成长，进一步提高美术教师教科研水平与教学技能，逐步提高教学质量，推动美术课改的有序、有效开展。

（一）培训与校本研究融合，提升教师课题研究的综合素质

1. 发挥骨干教师的课改作用，做好教师的课题研究培训

每学期，课题组组织各级骨干教师进行课题培训。从回首课改历程、反思直面问题、针对核心问题、启示探索之路、畅想对应保障等方面结合平日教学心得深入浅出地讲解“基于核心素养下的‘乐趣美术’课堂构建探究”的教材研究、小组建设、结构优化，促使美术教学富有地方特色，更有实效。同时，重点就“小老师”培养、课题课改内涵及教材与地方文化整合教学方式等进行讲解，使老师们更好更快深入领会课题精神，稳步推进课题进程。

2. 发挥沙龙论坛的优势，举办课题教学能手培训

要推动课题的开展，必须培养一支优秀的教师团队，带动课题在各年段、

各班级尝试课改教学。因此，要通过不同方式对参与课题研究的教学能手进行培训，例如，利用沙龙论坛活动，邀请南平市教育科学研究院杨庆柳、建瓯市教师进修学校黄娟芳等专家老师与12位课题教学能手进行研讨，围绕地方文化下的教材融入与利用、班级学习小组建设、“小老师”培养等重点问题进行交流，充分肯定教学能手的一线教学所得，畅谈“乐趣美术”课题教学的收获与困惑。专家老师针对教师的日常教学进行讲解，解开课题教学能手们心中的疑团，促进了课题教学的进一步开展。

3. 开展有效的校本教研学习。充分利用集体备课教研活动时间，结合课题实施年段公开教研活动，通过备课、上课、说课、听课、评课等方式，做好集备研讨活动，并以同课异构的形式发散教师个性创造思维，推动课题新课堂教学方式的实施。

（二）展示与竞赛融合，提高教师驾驭课题研究的能力

1. 开展课题教学能手评选与送培送教活动

为实施总结课题成果，加强学科建设，促进教师专业成长，进一步提高学校美术教师教科研水平与教学技能，课题组与南平市教育科学研究院、建瓯市教师进修学校开展“新课堂·新视点”下的“基于核心素养下的‘乐趣美术’课堂构建探究”教学能手评选活动及名师送培送教活动。聘请建瓯市教师进修学校教研员、兄弟学校骨干教师作为评委进行评选，在保证评选的公平公正的同时，为教师课题研究教学提供动力，推进课题教学的进度，让课题理念落到实处。

2. 多元课题融合，让“乐趣美术”向深度开展

为进一步深化课堂教学改革，提高“乐趣美术”课题研究成效，课题组还与福建省信息技术课题深度融合，举办“信息技术与‘乐趣美术’学科教学深度融合”教学开放日研讨活动，探索现代信息技术下“乐趣美术”教学有效方式，促进课堂在信息化条件下的有效实施。教师们根据学段特点，运用多媒体的优势吸引学生参与自主学习，“小老师”们从辅助老师教学层面，充分展现了他们在课改课堂学习中组织、反馈的能力，“乐趣美术”教学在与信息技术融合中得到进一步深化，学生们学有所乐，学有所获。

（三）常规与实效融合，促进课题研究常态有效

1. 开展课题教案的使用研讨活动

每学期通过校本教研活动，针对“乐趣美术”课题教案的使用等提出问题和建议，在教学研讨中形成有效的教学方式与教学设计，带动课题教学工作的开展，结合教学常规做好活动记录，使课题教学研究工作普及化、常态化、有效化。

2. 做好课题教学中“小老师”“小组长”的培养

首先，进行“小老师”“小组长”的选拔，经过半个学期的培养，对合格的“小老师”“小组长”进行授牌与颁发证书，协助教师做好课题课堂教学的实施。他们帮助美术老师检查小组成员的预习与学习情况，协助老师收集资料与辅导学困生等，通过“小老师”的引领作用，全体学生在课堂中共同掌握知识，习得方法，乐于探究，学有所乐，带动课题的有效实施。

3. 加强课题实验班级文化建设

根据学段与班级特点，通过“乐趣美术”小组合作的日评、周评、月评等不同的展现方式，促进自主、有效、愉快的互助学习开展，让学生用闽北地方文化资源美化班级，培养学生热爱家乡的情感。同时举办“闽北地方文化资源”特色美术作业展，分年段、按班级布展，有学生记录、小报、插画日记、实践型作业、观察作业等多种形式，营造了地方文化特色的“乐趣美术”教学的良好氛围，培养学生对美术学习的持久兴趣，提高教师研究水平，促进课题有效、稳步地开展。

第二节 “乐趣美术”文化资源的开发与利用

《美术课程标准》明确指出美术课程具有人文性质，要引导学生参与文化的传承和交流，珍惜优秀的民族艺术与文化遗产，在广泛的文化情境中认识美术的基本理念。这一理念突破了美术教材地域适用的局限性，为开发本土文化融入美术教学指引了方向。本土文化资源的开发增添了教材的地方性、乡土性，使文化理解的美术学科核心素养着实落地，也使美术教学更贴近学生的生活，让学生在实践探究中增强愉悦的审美体验与感受，为学生的创作提供一个更为广阔的乐趣学习空间。

那么，什么是文化？闽北有哪些可开发和利用的文化资源？本土文化如何在美术教学中传承？如何在传承中让美术教学更有乐趣，让学生乐学、想学？针对这些问题笔者在结合美术教材进行教学实践探究中不断地收集、分类、尝试、总结，摸索出本土文化在乐趣美术教学中传承的方式，促进学生乐学，提高课堂教学质量。

一、什么是文化

要进行本土文化的传承，首先必须让我们一起简单了解一下什么是文化。

著名的美术教育专家尹少淳博士指出："举凡人类所创造的物质和精神的产品都是文化。"简单地举个例子说，武夷山的大王峰与玉女峰，如果没有大王和玉女相识、相爱、分离的感人爱情故事，那么它们只是两座普通的大石峰而已。正是美丽的传说赋予了它丰富的内涵，才让人们印象深刻，一提起武夷山就能想起它。同时，这个传说故事也传达出一个人生的哲理，那就是对爱情的忠贞不渝，对生活孜孜不倦的追求，让人在游玩之中又增长知识。这样一个物质化的精神产品就是文化。

再看古民居木构件雕刻的寓意，如，"福禄双全"从木雕图案的内容看，它只是一只普通的鹿和蝙蝠而已，那么古人为什么要把这样的图案给雕刻在门窗上呢？除了起到美的装饰外，它还昭示着另一种含义："蝙"同"福"谐音，代表的是福气的意思，"鹿"同"禄"谐音，有俸禄的意思，因此古人雕刻这个作品的目的是希望自己或自己的子孙有福气、长寿，富贵安康、儿孙满堂，而且都有出息，能加官晋爵，享受朝廷的俸禄。透过木雕传达出的这一有趣又有传统哲理的内涵，就是文化。如果孩子们欣赏了这些作品，又知道了它的寓意，那我们的民族文化就得到了传承。

还有古建筑、古民居的建筑年代、由来故事、建筑雕刻的寓意、建筑样式，民间美术、戏曲，生产和生活经验，风俗习惯等都蕴含了丰富的历史文化，总之文化就在我们身边。

二、为什么要进行文化资源开发

传统文化的内涵如此丰富，如何在课堂教学中渗透传统文化呢？把课本上的图片讲好、分析好必不可少，但课本上的图片不能包罗万象，特别是不能反映我们国家各地区的特色。一些乡土的东西只能靠教师与学生一起开发、搜集、补充，这样教材才会更有生命力，更加鲜活，更加贴近学生的实际，课堂氛围也会更加的活跃。

三、有哪些可开发与利用的文化资源

闽北是闽文化发源地之一，有着许多优秀的本土文化资源，虽说没有富丽堂皇的宫殿，却有古老的遗址、民居、庙宇，还有丰富多彩的民俗、传说、民间美术等。下面，从“大武夷旅游文化圈”的角度来说，主要的文化资源有：

1. 武夷山的“古汉城遗址”“武夷传说故事”“砖雕图案”。“古汉城遗址”始建于西汉前期，有着良好的建筑布局，如正殿、侧厢、庭院、天井、排水沟、烽火台等。同时，出土了大量的陶器、铁器、铜器等，这些都体现了汉文化的特点，是我们了解汉代特征的历史文化资源。武夷山风景区除了大王与玉女的爱情故事外，还有彭武、彭夷开辟武夷山的传说故事，酒坛峰、九曲溪和八仙的故事等，这些传说故事都传达了一定的人生哲理。另外还有城村古建筑的砖雕、木雕等隐含的寓意，是武夷山特有的文化资源。

2. 邵武的“和平古镇”。和平古镇，始建于唐朝，是全国罕见的城堡式大木村镇，至今保留着近200栋的民居，青砖琉璃瓦、雕梁画栋，有进有厅，气派非凡。

3. 建阳的“考亭书院”。考亭书院是宋代理学家朱熹创办的最后一座书院。朱熹在考亭书院讲学八年，完成了理学思想的前后体系，他给我们留下的不仅是一座牌坊、一座建筑，重要的是给我们留下了理学教育思想这一丰厚的文化遗产，成为后人研究与学习的文化资源。

4. 浦城的“剪纸”“古埠观前”。浦城剪纸以现实生活和民间传统的各种人物、飞禽走兽、花草虫鱼、瓜果蔬菜为题材，表现特色有以物寓意和谐音寓意两种。以物寓意的有石榴、莲蓬的多子多福，鸳鸯、蝴蝶、并蒂花卉的爱情永恒等；谐音寓意有青果、橘子的红红火火，白菜的清清白白，花瓶的平平安安，双鱼的年年有余等，都寄托了人们对美好生活的向往与追求。

5. 松溪的“湛卢文化”。据《辞海》等书记载，相传春秋时欧冶子在松溪县的湛卢山铸剑，当其铸成闻名的湛卢神剑后，“湛卢”二字因剑而名扬天下，有关学者认为，这标志着“湛卢文化”的诞生。人们把“湛卢文化”的精髓概括为百折不挠和精益求精的精神。

6. 政和“四平戏”。始于明代，曾入选第一批国家非物质文化遗产名录。四平戏被称为“中国戏剧活化石”，其唱腔至今还保留着官话形式。

7. 延平的“蛇文化节”。蛇文化节是延平樟湖镇至今保留的古朴民间文化活动，每年农历七月初七，都要举行祭蛇、赛蛇神活动。以此祈求风调雨顺、五谷丰登。村民们除了制作七彩的蛇灯外，还以蛇为素材，用民间剪纸的方式给予表现。

8. 建瓯的“光饼”“挑幡”，光泽的“崇仁明清古街”，顺昌的“宝山神猴文化”“元坑镇民居”等。

这些丰富的闽北地方民间文化都是各县市可开发的有代表性的内容。它们是中华母体文化中的基因，是中华文明的一部分，各县市可以根据地方特色对其乡土文化资源进行开发。

四、文化资源如何开发与利用

（一）搜集与积累

明确了文化的内涵及可开发的资源，那么如何在美术教学中进行开发与利用，提高教学有趣度、有效度呢？首先要做的就是老师、家长通力合作，进行地方文化资源的搜集与积累。只有将传统文化艺术、民间艺术融入美术教育中，这样教材才会更有生命力，更加鲜活，更加贴近学生的实际，课堂氛围也会更加的活跃。那么怎样进行有效地搜集与积累呢？

1. 首先要根据美术课本的内容有针对性地进行搜集

每学期初，教师要根据美术课本的内容制订搜集计划，对一些适合于教学的本土文化艺术图片、背景资料进行搜集。这样日积月累，便会逐步地建立起属于自己的本土文化资源的资料库。这对突破教材的地域局限性，丰富日常的课堂教学所起的促进作用是不言而喻的。那么哪些课题内容适合融入地方文化，须进行资料搜集呢？

美术教材的版本很多，教师可根据现行的教材制订搜集计划。例如，以人美版教材为例。第 1 册有《漂亮的建筑》，第 3 册有《过春节》《节节虫》，第 4 册有《小吊饰》，第 5 册有《对印版画》，第 6 册有《我们的社区》《卵石画造型》，第 8 册有《红色的画》，第 10 册有《导游图设计》，第 11 册有《凝固的音乐——建筑》《神州风采》《家乡的老房子》，第 12 册有《世界文化遗产》等。

明确了搜集的课题后，家长在教师的引导下就可以与孩子一道利用双休日、节假日或寒暑假考察、参观家乡的建筑、文物古迹、风俗习惯等，从中获取有关的背景资料、图片，并借助图书馆、互联网予以资料的搜集补充。学生则可以以日记或绘画的形式初步了解记录图片、实物的来源及背景故事等。教师可以配合学校，开展“走进家乡的文化”小队活动，带领学生比较全面地了解家乡的历史现状、民族特色、古建筑、传说、民俗等，了解其背后的文化内涵，为美术课堂教学做好准备。

例如，人美版第 4 册的《绘画中的节日》一课的教学时，可以根据地方特色搜集节日活动——“建瓯挑幡”。教师、家长、学生可以从挑幡的由来故事、制作、技法、荣誉等方面进行搜集。

搜集 1：挑幡的由来故事：相传在明末，民族英雄郑成功招募抗清复明大军，横渡海峡收复台湾。当时建瓯城郊大洲村的青壮年，大都纷纷应征入伍。在收复台湾之后，部分将士于农历正月二十四凯旋，全村男女老幼欢欣鼓舞，奔走相告，家家户户设酒宴，村里还搭台唱戏庆贺。当时，将士们将带回的军旗置于长竿之上，尽情挥舞，借此纪念壮烈捐躯的弟兄。从此以后，每逢正月二十四，大洲百姓都要按例擂鼓鸣锣，将长竿来一番装点，舞动一番，以表庆祝与纪念之意。随着岁月流转，便逐渐演化成了现今建瓯民间特有的挑幡习俗。

搜集 2：制作：建瓯挑幡的幡，要求选用一根约 10 米长的笔直毛竹，削去枝叶，晾干后，外上朱红油漆，画上各种吉祥图案；竿顶扎着彩灯，彩灯之下是一座用竹骨和彩绸制成的六角宝塔，四周缀挂着数只小铜铃，塔底顺杆悬挂绵幡一幅，幡幅上绣有褒颂词句。据记录，最长的幡为 10.2 米，最重的幡为 20.6 公斤。

搜集 3：技法：建瓯挑幡在现代挑幡传人陈老艺人的带领下，在保留传统技法的基础上不断发扬光大，形成了一套既异彩纷呈又新颖高难的新套路，如：手舞东风转，肩扛南天松，肘擎中军令，牙咬北海塔，口挑百战旗，鼻托乾坤棒，脚踢西方柱等跌宕起伏、穿梭组合而成的多姿多彩的表现动作。

搜集4：荣誉：在中国民间艺术节上，建瓯挑幡《同庆》作为福建省选送的参赛节目，一举夺得金奖，参加了上海电视台“天下第一”栏目表演后，被授予“大世界吉尼斯之最”的殊荣，并列入“吉尼斯大全”，堪称为“中华一绝”。

2. 根据校本教材进行集中分类搜集

有条件的学校还可以结合地方文化开发校本课程，弥补国家单一课程设置的不足，满足不同特点的学校和学生的具体需求，引导学生在参与文化的传承和交流中体验乐趣。

如：建瓯版画始于宋代，时称建安版画。近代的木刻版画源于抗日战争时期，发展于20世纪50年代，20世纪80年代在北京展出，一举名扬全国。在陈德先生的带领下，涌现了许多版画人才，创作了许多反映闽北林区的版画作品。其中陈德的《绿色金库》《促膝谈心》，高学冠的《浪里蛟龙》，庄惠昆的《人民代表》，南平市美协主席余明慧的《山村小站》《衣滩》《扇》，武夷学院美术系主任陈铎的《闽北记事》《童年》都分别入选全国美展与福建省美展。2003年建瓯又被文化部群文司授予“中国版画之乡”称号。在这深厚的文化底蕴滋养下，建瓯市第一小学1988年开设了版画班，在教师们的努力下，版画作品《和平，这里没有战争》被中国美术馆收藏；上千幅作品在国际、全国美术大赛中获奖，上百幅作品赴澳大利亚、新加坡、日本等国展出，有着良好的版画氛围与学习基础。因此，学校充分利用“中国版画之乡”深厚的文化底蕴，组织教师进行了地方文化教材的编写，开发的版画校本教材设置了“家乡的建筑”“多彩世界”“快乐的节日”“橙色的画”等课题，把建瓯本土建筑的“鼓楼”“光孝寺”“黄华阁”，风俗习惯的“舞龙灯”“美丽的夜景”“打狮”“挑幡”，生产生活经验的“弓鱼”，旅游景的“万木林”“归宗岩”等融入其中。版画校本课程的开发和实践，使地方文化的传承落到实处。

3. 搜集的几种有效方式

教学研究中，教师们发现，美术教材中的教学内容有许多不适合本土学生的学习，这些内容离学生“远”，没有“亲近”感，所以学生课堂学习兴趣不高，教学效率也低下。因此，选择有效的地方资源开发方式开发地方文化资源，对美术教材内容进行补充，是进行“乐趣美术”教学的有效路径。如何提高学生学习美术的兴趣和学习效益，是当下美术教师们要思考与实践的。在“乐趣美术”教学实践中，笔者总结了以下几种有效方式。

①走进自然生活中去探寻

自然生活是一个开发美术资源的“博物馆”，不仅有美丽的花草、树木，还有寓意深远的砖雕、木刻等，让学生们探寻其中，体验自然生活中的“美”，是一种激发学生学习乐趣的有效的教学方式。而建瓯有着全省最大的森林博物馆——万木林，福建省最早的佛教圣地——光孝寺，原生态的自然景观——蟹龙岗，以及东游党城古村落、徐墩伍石村古村落等名胜古迹，还有建瓯的标志性建筑——鼓楼、通仙门等等。这些文化资源让家长学生一道用相机、画笔记录下来，把有关的背景资料、传说故事搜集起来，在课堂上融入相关的课例中进行互动学习，就是很好的教材补充内容，必将提高课堂上学生的学习效益。

例如，《家乡的老房子》一课教学。学生将搜集到的家乡古村落“伍石村”的资料进行交流。有的说，“我知道伍石村是清末伍氏‘以茶生财’建造的歇山式建筑，四角轻盈翘起，玲珑精巧，气势非凡”；有的说，“防火墙的波浪形、弧形与直线形组合自然，非常优美，而屋内一厅一井很有‘天人合一’的居住观”；还有的说，“窗户中的木雕‘龙凤呈祥’，凤是写实的，而龙是意象的，有富贵吉祥之意，让我了解许多古人在建筑上设计的寓意”。这样富有激情的交流为教学增添乐趣与色彩，为创作埋下伏笔。

②走进家中去搜集

不少学生的家中都有家传的、收藏的艺术品，也有许多具有地方特色的生活用品，如：青花瓷瓶、古梳妆盒、铜脸盆、火笼等，这些传统物件造型各异，有不同的寓意与价值。如果把这些资源好好地搜集利用，就能够调动学生学习的积极性，增添教与学的乐趣。学生熟悉自己家中的“珍宝”，能把这些民间艺术品的背景与价值娴熟地介绍给大家，这既有利于提高学生学习的自信心，又有利于学生用美术语言进行交流、表达，在学生亲身体验、互动共享中传承这些民间文化。因此，让学生走进家中去搜集美术教材内容的资源，也是一种有效的资源开发方式。

③走进民风民俗活动中去感悟

传统的民风民俗体现在地域文化上，也是民间美术的集中表现，如浦城剪纸、建瓯挑幡、地方戏曲、舞龙、花灯、畲族节日活动等。让学生走进这些具有地方特色的民风民俗活动中去，在耳濡目染中体验这些浓浓的地域文化气息，用图片或文字记录下来，并在美术课堂教学中把这些活动用画笔或手工进行再创造，在互评互说中传播。美术课也会因这些富有特色的地域文化的融入而显得更有乐趣与活力。

④走进美食中去品验

我国地域广阔，各地的美食各具特色，这些美食在造型、色、香、味上都各不相同，还有着各种传说故事，为美术教学提供了良好的资源。建瓯是曾经的福建首府，八闽古都，地处闽北中部，南甜北辣不同口味的美食在这里集中体现，品种繁多，有鸡绒、纳底、春卷、膀蹄、粉丸、大肠光饼、板鸭等富有地方特色的小吃。在美食的搜集过程中，学生们知道了这些美食的做法及其背后的小故事，明白了地域饮食文化的内涵。课堂上，学生们在互动交流中通过想象，创造制作出形似、色美，造型摆法美的家乡美食，并通过对家乡美食的语言表达，掌握当地美食的欣赏、制作方法，在品验中传承了当地的美食文化。

⑤走进民间艺人中去寻根

中国的民间文化博大精深，在这些文化的传承中有许多的民间艺术大师、传承人。让学生走进这些民间艺人的工作室或艺术作坊，与艺术大师或艺人们一起体验民间艺术的制作过程，搜集有关的制作方法，欣赏其作品的艺术美感及不同的寓意，培养学生高尚的审美情操，是利用当地资源进行美术教学的有效方式。建瓯作为“中国根雕之都”“中国笋竹城”，有许多根艺作品与竹工艺品，既有传统古典的雕龙画凤、宗教佛像、生肖造型等，又有现代哲理性与思想性、美学性融合的艺术作品“国之根本”“地球”等。参观根艺大师张木芳、陈志明的工作室与根雕馆的学习中，学生们知道根艺是以树根的自然形态，通过构思立意，艺术造型加工及工艺处理后，创造出人物、动物、器物的艺术形象作品，其讲究“三分人工，七分天成”原生态的艺术美。在研学中学生了解到两千三百多年前我们的祖先就已能用自然形态与人工雕琢巧妙结合雕刻出虎、龙、雀、蛙等根艺作品。在课堂上，学生们能够把学到的知识进行交流，为家乡有这样深厚的“根”文化感到自豪，同时用橡皮泥、绘画等形式加以表现，使“根”的艺术永在学生的心间。在这样的实践活动中，孩子们深深地被家乡地大物博的资源所感动，思维也得到了极大的拓展，视野也变得更加开阔，建瓯的地方文化资源的开发与利用成为美术教学新的动力。

可见，在多元文化背景下的美术教学，要注重把个性的差异、教材内容的差异及地域差异相结合，选择不同的方式把地方文化资源的开发融入美术教学中。家乡的一草一木、历史名人、民俗风情、建筑雕塑都能成为美术教学的有机部分，通过与教材的整合，丰富教学内容，让本土文化在学生心间深深地扎下根来，并在课内外的探寻、搜集、体验的滋养中得到传承。

总之，搜集与积累的过程虽然是辛苦的，但教师们定会深深地感受到本土文化资源在课堂上给学生带来的体验与快乐，在提升学生核心素养上所发挥的巨大作用。孩子们也会因为是自己亲身搜集和体验所得而对美术课倍感兴趣。

（二）融入与创作

在我们一起分享什么是文化，闽北有哪些可开发的文化资源，以及在对文化资源的搜集与积累的基础上，下面通过教学课例来谈谈本土文化的融入与创作。

通过教学发现，开发和利用本土文化资源最好的办法是在日常的美术教学中把与本土文化有关的图片、故事、传说等资料融入课堂教学中，这样的结合既自然，又使学生感到亲切、有趣，既激活课堂，让学生学有所乐、所获，又弥补了教材地方乡土性的缺憾。本土文化资源的融入为学生提供了一个更为广阔的审美与创作空间。例如，人美版美术第11册15课《神州风采》一课教学。

第一个环节：看一看，说一说。即欣赏与感知。

教师先让学生欣赏了长城、敦煌莫高窟、乐山大佛等雄伟的名胜古迹。当学生们沉醉在祖国博大精深的艺术文化之中时，教师进一步引导，祖国风采多么美，其实我们家乡的风采也很美。通过资料的搜集，我们知道家乡建瓯是座有3000多年历史的文化古城，在这3000多年的历史长河中，我们的祖先给我们留下了哪些历史与艺术价值都非常出色的建筑、雕塑、绘画等自然与文化的遗产呢？今天，叶老师将和同学们沿着时光的隧道，一起去探访、领略一下我们的家乡——建州的风采。

接着，让学生根据课前搜集的资料，分小组进行交流分享。

第一小组的同学说："我搜集的是有关古建筑方面的资料，通过搜集，我们知道光孝寺比泉州开元寺早130年，比鼓山涌泉寺早230年，有福建佛教发祥地的美称。"另一位学生说："我还知道水南塔叫善见塔，是一位叫善见的和尚行善救济的故事由来的。"此时，课堂气氛异常的热烈，教师适时地出示图片加以点拨。

第三小组抢着说："我们搜集的是饮食方面的资料，通过搜集我明白了建瓯光饼有400多年的历史，是由抗倭名将戚继光率领部队路经建瓯传入的，人们为了纪念戚继光，称之为光饼。知道了面粉发酵做饼坯，立炉烤制的做法，同时知道光饼有：光饼、肉饼、芝麻肉饼三大种类，我们最想吃的是肉饼，因为它呈金黄色，脆又香，真好吃。"其他同学补充说："我们还了解弓鱼的方法，及弓鱼打官司的故事，知道弓过的鱼吃起来鲜嫩没有腥味。"

第二小组接着说："我们搜集的是人物与文物方面的资料，懂得了练氏夫人救芝城的感人故事，练夫人被誉为芝城之母；知道万木林是杨达卿所种植的，珍稀植物资源丰富，乔木种类占全省的三分之一，是我国最早建立的自然保护区之一，有森林博物馆、绿色宝库的美称。"

第四小组的同学说："我们搜集的是民俗民艺方面的资料，我们知道了正月十五的舞龙灯，龙身用竹篾做成，按颜色分为黄龙、红龙、青龙，是吉祥喜庆、欢乐祥和的象征。还有我们建瓯是'中国笋竹城'，竹子全身都是宝，笋不仅可以做成不同的美食，而且竹子可以做成不同的工艺品，给人以美的享受。"

通过资源的互补利用，在欢快的互动交流中，同学们初步了解建瓯的建筑与民俗等地方文化，那么如何把这些地方文化连在一起表现出来呢？

第二个环节：想一想，画一画。即感悟与联想。

教师预设了画线联想的绘画游戏。在黑板上先画一些随意交叉的线条，接着根据交叉的线所组成的图形想象家乡自然文化遗产，然后添上几笔或去掉几笔，把它给变化出来。请学生上台尝试练习。接着按游戏规则，各小组先画好随意交叉线，然后第1组与第2组，第3组与第4组的同学交换创作，把家乡的自然文化遗产表现在一个画面中，通过交换底版创作的方式，既激起学生的创作欲望，也打开了学生的想象空间，既有趣也有乐，在分工明确的你争我赶中完成了各具特色的作品，并以建瓯地方特色的版画给予表现出来。

第三个环节：赏一赏，评一评。即内化与延伸。

教师让学生说说画了些什么，有什么收获，并以小导游的方式给予介绍。一位学生说：“我请大家一起走到我们的画中来，先到建瓯鼓楼一游，这是五代十国王延政所建的，后毁，现存为清乾隆年间重建，采用明清重檐歇山式建筑风格，主楼有双层飞檐、四围红柱和雕梁画栋，极富古城风韵，又具时代新姿。楼的南北两面悬挂牌匾，上书：‘雄镇南天’‘恩迎北极’。鼓楼，是建瓯的标志性建筑，是历史文化名城的重要景观。它目睹了千年变迁的沧海桑田，也将见证建瓯奋起腾飞的灿烂明天！接着让我们来到建瓯博物馆看看西周大甬钟，上面布满了云雷纹，它见证了我们家乡3000多年的历史。接下来让我们一起参观具有千年历史的光孝寺，它全用楠木建造，比泉州开元寺早130年，比福州鼓山涌泉寺早230年，有福建佛教发祥地的美称。累了吧，坐下来让我们品尝一下具有400多年历史的建瓯光饼，光饼、肉饼、芝麻饼随你挑。然后让我们观赏一下建瓯的挑幡，领略一下挑幡表演的不同套路。最后让我们走入中国笋竹城看看绿油油的竹子，品尝一下绿色笋食品……”这样赋有童趣与情智的融入拓展与创作，让学生在愉快的情感体验中感受博大的本土文化的感召力，无形中促进了学生对本土文化的传承和对家乡的热爱。

接下来，让我们再次分享单个历史文化遗产的教学课例，例如，人美版美术教材《漂亮的建筑》一课。

第一环节：赏一赏，说一说。

教师先引导学生欣赏了天坛的祈年殿。这座漂亮的中国古代建筑创建于明代，有着三层的圆顶，蓝色的琉璃瓦，红色的门窗，白色的基座和栏杆，在阳光的照耀下，蓝、红、白、金分外耀眼，真好看！接着教师让学生欣赏富丽堂皇的故宫建筑群，蓝天、红墙、黄琉璃瓦产生强烈的对比，学生们看了惊叹不已，感受了东方建筑的气派，沉醉于中国建筑艺术文化的博大精深之中。此时教师抓住学生们的兴奋点，继续引导：其实在我们的家乡，也有许多漂亮的建筑，你见过吗？它是什么样的？什么颜色？什么时候建造的？今天老师就和同学们一起去欣赏、感悟一下，我们家乡的古建筑。

这样的融入，既自然又亲切，激起了学生学习的兴趣，为后续的教学作铺垫。接着让学生根据搜集的资料，以展板的方式分成五块，从建筑的历史、结构、用途等角度进行互动交流。

桥梁组的同学指着展板说："我们搜集的是桥梁方面资料。这是我们建瓯吉阳的步月桥，始建于明代，是闽北现存最长、净跨度最大的伸臂木梁结构木厝桥，由一根根杉木上下交错而成，桥顶为明清的重檐歇山式结构，红色调为主。"坐在旁边同学说："这里还有一个美丽的习俗，让我介绍给你听吧。每逢中秋，村民们怀着丰收喜悦，如约而至步月桥送、摘灯笼。灯笼分红、白两红，红的象征吉祥生财，白的象征平安添丁生子。这个习俗寄托着大家对美好明天的憧憬。"

接着，古城墙的小组说："我们搜集的是有关古城墙的资料。现存的古城门有通仙门、通济门、临江门、威武门，它们都是弯弯的拱形城门。其中威武门四周刻有云雷纹。另外，通仙门墙上还有一座存留的城楼，叫太保楼，建筑的结构为象鼻斗拱，保留着典型的清代建筑风格。最漂亮的是有三个拱形城门的鼓楼。"

亭台楼阁的小组说："我们搜集的是黄华山的黄华阁，始建于明朝，是明清式的建筑结构，以红和黄色调为主，上面有鸳鸯戏水等图案，表示互爱互助的民族精神和太平安康的景象。阁上还写有对联：'清风明月本无价，近水遥山皆有墙''大肚包容了却人间多少事，满腔欢喜笑开天下古人愁'。这些对联不仅给人如诗如画的意境，同时也表达了做人要有宽广的胸怀的道理。"

古民居的小组说："我们搜集的是古民居的资料。在大甲巷、紫芝街发现几幢清朝时期的古民居，有隐士的别墅，官宦的府第。功能以居住为主，建筑结构以砖木为主，有四方天井，一重天井一重厅，体现了中国古代天人合一的思想。"另外一位同学说："我们还发现了几块细致而精美的木雕，第一块有松树和仙鹤，是松鹤延年长寿的意思；第二块有鸟和花，有鸟语花香、幸福安康的意思；第三块有蝴蝶和花，是花开富贵吉祥的意思。"此时，教师借机引导，这些古民居及木雕现在我们建瓯已经很少很少了，因此我们要保护它，让它保留下来，给后人欣赏和启示。

通过搜集、积累与交流，学生们发现了古建筑、古民居中蕴含的象征意义和艺术价值，感受了当时家乡文化繁荣的景象和古代劳动人民的智慧及生生不息的精神。这样的融入与引导，既培养了学生学习美术的兴趣，对本土文化探究的乐趣，又陶冶了情操，丰富了学生的审美情感体验。

第二环节：想一想，做一做。

教师让学生分析建筑外形，有的说步月桥整体是长方形，桥顶的拱角像三角形，有的说古城墙的城门为弯弯的半圆拱形，有的说太保庙的重檐像梯形，柱子是圆柱形的等等。学生对建筑的外形有了明确的认识，接着教师引导：“今天，我们要用扑克牌及绘画的方式分小组进行制作。用扑克牌创作的小组要想一想，你怎样根据建筑的外形用扑克牌给剪出来，并贴好；用绘画表现的同学则要用线描或版画的方式给表现出来。”在分工明确下，各小组有序进行创作，在师生的共同努力下，把古建筑形象地表现出来。

由于教师很好地将本土文化融入，在接下来的《雄伟的塔》《家乡的小吃》《家乡的艺术》《家乡的历史和发展》《精彩的戏曲》《绘画中的节日》等课的教学中，学生们创作了许多不同的具有地方特色的作品。

总之，在美术教学中开发、利用、融入本土文化既是书本知识的有益补充，又增添了教材的地方性、乡土性，让学生在实践的探究乐趣中拓宽审美领域。学生在本土文化的传承中了解家乡、热爱家乡，增强审美的体验与感受，增强学习的自信心和自豪感，提高审美与创造的能力。

“民族的才是世界的，民族的才是最好的，民族的才是最有生命力的。”让我们携起手，把地方文化通过“乐趣美术”教学的调查、探究、搜集、融入、交流、认知、创作、拓展、评价、分享等路径发扬光大。

五、版画校本课程开发

如何进一步把地方文化资源开发好、利用好，开发校本课程是一种有效的方式。在“基于核心素养下的‘乐趣美术’课堂构建探究”的课题研究中，以美术学科核心素养与义务教育《美术课程标准》的基本理念为导向、以深厚的文化底蕴为基础、以开放的教学模式为动力、以美术版画教学为依托，进行版画校本课程开发，为课程开发增添活力，在近两年的实践探究中成果得到初显。

(一) 以核心素养与课标的基本理念为导向，引领课程开发

以乐趣学习为培养学生学习兴趣主旨的版画校本课程开发，在学科核心素养与义务教育美术课程标准的基本理念引领下，根据地方特色，带领学生发掘地方文化资源，并通过开放的课堂，把其融入教学中，进行创作与拓展，让学生在文化底蕴的滋养中提升他们的美术素养。

1. 树立大美术教育观，让学生在广阔的文化情境中认识美术

版画校本课程的开发宗旨是树立大美术教育观，既要重视学生在知识技能方面的学习和训练，又要引导学生体验学习过程，注重学生参与本土文化的传承，表达和创造本土文化，让学生在对人类社会及传统文化的体验中真正认识美术课程的社会价值。

2. 树立学生发展观，使学生形成基本的美术素养

版画校本课程的开发、校本教材的编写面向全体学生，以生命为本，以学生的发展为本，运用生命科学理论，研究本土文化教育传承，促使自然生命向智慧生命、审美生命和文化生命提升。通过多元互动培养学生的人文精神和审美能力，使学生在开发与制作的过程中形成图像识读、审美判断、美术表现、创意实践、文化理解等基本的美术素养。

3. 树立开放的教学观，培养学生创新精神和解决问题的能力

在版画校本课程的开发中建立平等、互动、开放的课堂教学，充分发挥学生的主体性和创造性，引导学生在实践调查、探究中发现和解决问题，注重学生个性与创新精神的培养，最大限度地开发学生的创造潜能，使学生具有将创新观念转化为具体成果的能力。

4. 树立综合课程观，激发学生学习美术的兴趣

版画校本课程的开发淡化学科中心，把版画教学与相关学科教学内容有机结合，进行整合优化，将版画学习活动与学生的生活经验联系起来，实现课程开发的社会化、实用化、个性化和多样化，以“乐趣美术”的教学实施方式充分调动学生的积极性和主动性，激发学生学习美术的兴趣。

(二) 以深厚的文化底蕴为基础，实施课程开发

2003 年建瓯被文化部命名为“中国版画之乡”。建瓯版画取材于生活，乡土文化气息浓厚，20 世纪 80 年代曾晋京展出而名扬全国。少儿版画根植于这

样文化底蕴深厚的艺术土壤中，得到了长足的发展。1988 年建瓯市第一小学开办了少儿版画班，在长期的教学实践中，少儿版画教学已形成学校的办学特色，在建瓯市第一小学蓬勃发展，课程资源优势已然形成。同时，闽北古风民俗浓郁，自然景观与人文景观交融，多元文化与本土文化结缘，是八闽大地上少有的“文化沉积带”，有许多动人的传说故事，古遗址，古镇，地方戏曲，民风民俗等，为校本课程的开发提供了良好的资源。正是在这种双重背景下，建瓯市第一小学抓住“国家、地方、学校三级课程管理”的良好历史机遇，利用“中国版画之乡”及闽北深厚的文化底蕴，以建瓯传统文化的“挑幡”，生产和生活经验的“弓鱼”，土特产的“板鸭”，古建筑的“鼓楼”“光孝寺”，武夷山的“传说故事”“竹筏”，邵武的“和平古镇”，浦城的“古埠观前”，松溪的“湛卢文化”，政和的“四平戏”，光泽的“崇仁明清古街”，顺昌的“宝山神猴文化”，延平的“蛇文化节”等为素材，组织教师对版画校本课程进行开发与研究，编写了版画校本教材《走进版画》和《版画天地》，并在教学中逐步地开发与完善。版画校本课程的开发，将弥补单一国家课程设置的不足，满足学校和学生的具体需要，开阔学生的眼界和思路，拓宽学生的审美视野，丰富学生的情感体验，激发学生学习美术的兴趣，提高审美欣赏水平和创新能力，凸显学校办学特色，促进学生个性健康、多元化发展。

（三）以开放的教学方式为动力，推进课程开发

在课题研究与实施的过程中，为了减少实施缺乏理论的盲目性和理论脱离实践的空洞性，建构理论与实践相结合的教学方式是一条有效的途径，这样便于操作。因此，从教学结构、教学程序和教学方法出发，建立三级联动的方式，有效推进版画校本课程开发。

在教学结构中按材料特质分类教学内容；以班级、小组、个人课内外的组织形式进行合理分布，通过教师、学生、社区代表、家长的角色互动，构建持续、民主、开放、有效的开发网络，把校内资源与校外资源开发相结合，使校本课程的开发符合学生实际，符合本土实际、教师实际，体现学校特色。教学程序以调查、探究、认知、体验、拓展的循序递进，体现了以生为本的理念，让学生在实践过程中通过点、线、面、色彩、节奏、韵律、构图等艺术形式了解家乡的民族特色、古建筑、传说、民俗等，了解祖先的生存环境和生活方式，激活学生原初生动的感悟力，让学生在本土文化的认知与理解中进行版画创作，体验本土文化造型表现的乐趣，体验生命表达的乐趣。在版画时装秀、百人版画表演等综合活动中拓宽时空、延伸内容、发展思维，从而形成综合意义的课程整体，以实现版画校本课程开发的真正价值。另外，通过以生命为本的教学方法的构建实施，学生在教师的引导及社区代表、家长参与协助下，在多元互动、合作交流、发现探究、自主创新的教学与学习方式中认识自己，认识脚下这片土地及这片土地上的文化。闽北本土文化在学生的生命之旅中得到传承，校本课程开发的教育目标得以实现。

(四) 以成果的初步凸显为活力，带动课程开发

经过两年的“乐趣美术”版画校本课程开发实践探究，已取得初步成效：

1. 培养学生的兴趣，树立学生学习信心

美术版画校本课程的开发，体现了以学生为本的原则。版画教材内容结合美术教材，由学生自己参加社会实践搜集和积累所得，贴近学生生活。同时融入地方文化的有效教学，使学生兴趣大增，版画课成了学生一周内最有意义的课程之一，为学生开辟了另一片天空。学生将学习版画课获得的喜悦带入其他学科学习中，促进了其他学科成绩的提高，大大增强了他们学习的信心。

2. 促进教师的专业发展，使教师的价值得到体现

通过美术版画校本课程的开发，改变了教师的课程观念，让教师知道自己不是单纯的美术书本知识传递者，而是课程开发的创造者。经过本土文化资源的开发，拓展了教师的专业领域，初步掌握了一定的开发技术，发展了教师的专业能力。教师开发美术版画课程的信心得到树立，价值得到体现。

3. 让学校再次充满生机活力

美术版画校本课程的开发联系了师生身边的本土文化，通过校内外的课程资源结合，让师生走出课堂进行社会实践，搜集积累本土文化资源，参与版画课程开发研讨，理解知识的多样化，使课堂真正焕发生命活力。学生因此形成高尚的个性品质和健康的审美情趣。版画校本课程的开发凸显了学校办学特色的吸引力，使学校教育充满生机活力。

4. 版画校本课程成果得到初显

经过校本课程的开发和美术版画教学实践，教师们的教学经验先后在《福建日报》《闽北日报》《闽北教育研究》等报刊上登载；师生们的版画作品

在各级大赛中获奖和国内外展出；一幅作品被中国美术馆收藏，部分作品编入《美术》教材；学校曾代表建瓯接受福建省“民间艺术之乡”的验收，被评为“少儿版画创作培训基地”；中央电视台《闽水谣》摄制组还对我校的版画教学经验进行专题报道；校本教材《走进版画》与《版画天地》得到福建省政协调研团的充分肯定与高度评价。

总之，美术版画校本课程开发有利于调动学校校长、教师的积极性，在贴近生活的乐趣教学中更好地培养和发展学生的个性，使学校办学更有特色，教师的教学更有特点，学生的发展更有特长，有效地促进学生个体和社会的健康发展。因此，学校将继续紧抓“三级课程管理”的机遇，依托“中国版画之乡”的深厚文化底蕴，提高认识，加快版画校本课程开发的研究和探索的步伐，认真地加以规划，从而促进版画校本课程开发快速、健康地发展，进一步提高教育效益和提升学生整体美术核心素养。

六、古镇文化在版画教学中的传承

新课程的美术教学，已把美术学习提升到文化层面，倡导美术教学要创设一定的文化情境，增加文化含量，使学生通过美术学习，加深对文化和历史的认识，加深对美术的社会作用的认识，树立正确的文化价值观。学生在广泛的文化情境中认识美术，也让版画校本课程的开发落到实处。笔者遵循这一基本理念与导向，结合“中国版画之乡”——闽北两大县市建瓯、松溪的深厚文化底蕴，利用福建省名师专项课题“基于核心素养下的‘乐趣美术’课堂构建探究”巧开古镇文化资源课，组织学生对芝城古镇——建瓯的古民居、传说、风土人情等本土文化进行搜集整理，并带领学生描绘家乡的古建筑、民俗风情等，让学生在绘画中了解家乡、热爱家乡，树立良好的文化保护意识，使古镇文化在美术与版画教学中得以开发与传承。

1. 在观察与探究中发现美

千年芝城古镇，古街幽巷，庙宇飞檐，庭院深深。很多同学在古镇生活了许多年，却很少去认知、了解和发现古镇的美。为了让学生了解古镇的文化内涵，笔者以节假日、课外活动为主要活动时间，开展假日小队活动。在家长的互动配合及教师的引导下，学生们走进古镇，了解家乡的历史现状、民族特色、民间民俗活动、古建筑及其背后的文化等等，并以文字、实物、影像、绘画日记等形式广泛搜集资料。学生在合作、互动及寻找、发现美的乐趣探究过程中获取审美感知，明白美就在身边。

例如，参观古建筑“鼓楼”。笔者从认识对象的特征出发，提出了以下几个问题：鼓楼这座建筑的门是什么形状？它的上面有哪些装饰？雕刻了哪些内容？它有什么颜色？同学们带着问题认真观察、探究，发现仅图案装饰一项就有四类：人物、动物、花卉、几何图形。其中花卉有莲花、梅花、牡丹、竹子、松树；动物有仙鹤、喜鹊、锦鸡、鲤鱼、鹿、蝙蝠、龙、凤、狮子、麒麟等；制作工艺形式有圆雕、浮雕、透雕等；创作手法有写实、夸张等。通过笔者的引导，学生们还了解了图案的文化内涵，如：莲花的寓意为年年有余，竹子的寓意为竹报平安等等。在参观活动中，学生们无不惊叹，太美了！这座建筑真是犹如一个艺术宝库。

实践证明，没有用心去观察生活，就难以发现美，即使有很好的素材出现在眼前，也会视而不见。经过观察、探究，学生们渐渐养成了爱观察的好习惯，常自发对古镇的文化资源进行搜集整理，为美术与版画创作积累了丰富的素材。

2. 在体验与熏染中感知美

著名美术教育家尹少淳指出：“美术学习不仅仅是美术技能技巧的学习，而应该是一种文化观照下的学习，应该让学生在一种文化情境中理解美术，进而参与文化的传承。”因此，在实践探究中，笔者常利用课余时间，请民间艺人或导游带领学生实地游览，听听“二十四孝”的故事，让学生继承中华民族的传统美德；感受叶氏大夫第门楼的磅礴气势，猜猜谢氏大夫第门楼四幅主画“竹报平安”“松鹤延年”“锦绣美满”“富贵长留”的象征意义，让学生真正感知木浮雕作品所传达出的文化内涵与历史文化价值。在体验的过程中，学生们知道了这些古朴的古建筑、古民居的内在美及艺术文化价值，树立了保护古镇的意识，从而启迪孩子的智慧，陶冶孩子的情操，润泽孩子的生命。

同时，笔者利用“中国版画之乡——建瓯”的深厚文化底蕴优势，与建瓯市文化馆携手，带领学生参观“建瓯版画”发展史，感受少儿版画 20 世纪 80 年代曾晋京展出而名扬全国的辉煌过去；欣赏老一辈版画家们创作的反映古镇文化的版画作品，了解与作品相关的历史、传说、故事及寓意等。学生在一定文化情境的体验与熏染中认识美术，认识古镇的美。例如，在欣赏"建瓯挑幡"系列版画作品时，学生们除了了解有关版画的制作方法外，更重要的是他们还知道了"挑幡"传说故事由来、"挑幡"的表演套路、"幡"的装饰美、"幡"舞动的优美姿态等等，加深了学生对家乡文化和历史的认识。

这样，在古镇文化的体验与熏染中，学生们不仅认识了古镇的外在美，更重要的是感知了古镇内在的美，既对学生进行了良好的思想教育，又让学生为家乡的悠久文化而感到自豪，树立了学生学习的自信心，激发了创造的欲望与兴趣，为美术与版画创作埋下伏笔。

3. 在引导与拓展中创造美

"美术课程被公认为是对创造力的培养最见成效的课程之一"。因此，在教学实践中，笔者不仅注重美术文化的传播，而且注重通过引导与拓展营造乐趣氛围培养学生的创新意识与创造潜能，让学生在创作过程中，体验每一点成功与快乐。

首先，在版画教学创作之初，笔者充分发挥学校版画展室和艺术墙等校内的文化资源，引领学生欣赏学长们创作的版画作品，了解不同的版画制作方法，以及欣赏不同的制作方法所产生不同的画面效果。通过分析作品内容题材，发现这些作品既有对古建筑整体进行创作的《水南塔》，也有对局部进行创作的《祥和图》，既有对民俗风情进行创作的《挑幡》，也有对特色饮食文化进行创作的《建瓯光饼》等等，学生们明确了创作题材的广泛性。同时，进一步引导发现，这些富有情趣的版画作品，取材于生活，制作简单，是对古镇文化、生活素材的提炼与创造。只要善于观察，勤于动手和想象，自己也能创作出精美的作品，极大增强学生创作的自信心。

其次，在创作拓展中，笔者先让学生介绍观察探究中搜集的古镇资料。学生有的介绍了"黄华阁"建筑的造型、图案及建造的历史故事，有的介绍了有福建佛教发祥地美称的"光孝寺"，有的则介绍了"弓鱼"的传说故事等等。在分享的过程中，笔者对经典的可创作的部分加以拓展，如从弓鱼的生活情节、弓鱼的造型特点及"弓鱼打官司"的故事等，使学生的创作思维更为开阔。接着，对学生感兴趣的题材进一步拓展，例如，在家乡建筑的创作中，笔者适时引导拓展，既可以对建筑最奇特的部分进行创作，也可以把精美的图案进行排列创作，还可以结合背景故事展开想象创作，拓宽了学生创作思路，唤醒蕴藏在学生内心的创造力量。由于日常的耳濡目染，学生们印象深刻，情感真切，创造无拘，画面各异，个性鲜明，稚拙生动，创作出许多具有童趣与古镇文化特色相结合的作品，如：《古镇印象》《绝技挑幡》《建瓯板鸭》《年年有余》等等，使古镇的美在学生一双双巧手的描绘与制作中得以创造呈现。

学生创作的富有古镇文化特色的版画作品，曾应邀到澳大利亚等国展出，并赠送给国际友人。同时，在“中国笋竹城——建瓯”的商洽会上还被制成一件件精美的礼品，送给前来参会的代表们，为家乡旅游资源的开发与经济建设做出了贡献。学生们为家乡所独具的古镇文化而感到自豪，在增强热爱家乡情感的同时，更激发了对美术与版画创作的热情，古镇文化在学生们的真情绘画中得以传承。

第三节　“乐趣美术”文化资源的教学与思考

自课改以来，地方文化资源的开发与利用逐渐成为各地学校优化美术教学的有效方式，也成为各地美术教学独有的特色。2011 年版《美术课程标准》更加明确地指出：“要关注文化与生活，要充分开发利用地方自然与文化资源，开展有特色的美术教学活动。”可见，本土文化是当下乃至长期优化美术教学应开发与利用的资源。那么，在美术教学中怎样把地方文化资源用好、用活，使本土文化在美术教学传承中常态有效，达到优化教学的目的呢？笔者在主持福建省教育科学十二五规划课题“闽北地方资源在小学美术（版画）教学中的开发与利用”与福建省名师课题“基于核心素养下的‘乐趣美术’课堂构建探究”的研究过程中以“乐趣”为媒，通过乐趣调查、乐趣探究、乐趣认知、乐趣分享、乐趣体验、乐趣创作、乐趣评价等方式，把地方文化融入美术教学中，并在“乐趣美术”实施中不断地思考、梳理、总结有效的经验与做法。

一、本土文化的发掘与融入教学

1. 探究与接受相融，感悟文化的内涵与价值

古时的闽北在地理上与吴越和荆楚相邻，秦汉以后，中原文化进入闽北。随着吴、越文化的不断传播，闽北成为中原文化进入福建的“文化走廊”，是八闽大地上少有的“文化沉积带”。这里有武夷山的“下梅古民居”“武夷传说故事”，建阳的“考亭书院与朱熹文化”，浦城的“剪纸”，松溪的“湛卢文化”，政和的“四平戏”，顺昌的“宝山神猴文化”等。在美术教学中，通过调查、探讨、认知等形式，让学生走进闽北这些优秀的特有的文化资源，走入社区了解家乡的历史、民族特色、古建筑、传说等背后的文化内涵，明确祖先给我们留下了什么，探讨本土文化对我们有何意义，对本土文化的节奏、韵律、构图等进行初步的解读。在此基础上，通过教师、艺人等对本土文化内涵的补充及对其表现技法的示范传授，使学生在真情实感的实践活动中明确本土文化的内涵与价值。在探究与接受的融合过程中，激活学生原初的生命感悟力与创造力，促使其不断向智慧、审美和文化生命提升，使本土文化的意义与价值在学生的探究乐趣之旅中得到传承。

例如，对武夷山文化的探究与传承的教学。武夷崇安中心小学的老师们通过以人为本、多元互动、合作交流、综合实践、发现探究、自主创新的教学方式，让学生以文字、图片、实物影像、绘画日记等形式广泛搜集资料，对本土文化的价值意义展开广泛的讨论与探究。在不断地认知、理解与创造中，体验抒发自我情感的乐趣，体验互动表达的乐趣，体验本土文化想象、表现的乐趣，学生在与地方文化的交流中，实现自我生命的不断超越。如：在武夷山下梅古民居的探访过程中，学生们通过实地察看，探访传人、导游，不仅知道了这些明清时期建筑的“重檐歇山式”的建筑特点，而且懂得了它们还是“万里茶路”的历史见证。明确了建筑点、线、面有序组合的美感，了解了石雕、砖雕、木雕上“五福捧寿”等图案的寓意给人以深刻的人生哲理思考；理解了这些精美的雕刻与建筑是当时劳动人民勤劳智慧与美好愿望的结晶，感悟到古建筑群所呈现出来的独有特点与价值，对于研究历史、教育今人都有无比的价值与意义，保护它就保住了我们民族文化的根！在常态

的美术教学中结合本土文化的探究，让学生感悟、理解、掌握本土文化内涵与价值的目标，使本土文化在学生的乐趣探究实践活动过程中得以传承。

2. **文化与内容互补，提高教学的品质与实效**

通过探究与传承，教师与学生们已发掘积累了许多丰富的地方文化资源，怎样把这些具有闽北特色的地方文化资源在教学中进行资源互补、利用呢？实践表明，最好的方法是在课堂教学中把它与美术教材的内容相结合，因为这样的结合贴切自然，既弥补了教材地方性、乡土性的缺憾，又让学生在本土文化的教学传承中进一步了解家乡、热爱家乡，增强学习的自信心和自豪感，让课堂在学生耳濡目染的本土文化传承中更加鲜活，富有成效。可见，根据教材内容对一些适合融入本土文化的课题进行开发、利用，是进行本土文化传承的有效方式，在此实践与感悟的基础上，把闽北地方文化资源与美术教材的内容有机结合，探寻、梳理出可开发、利用的课题，进行系统地分类、整理，形成可开发、利用、传承的体系。例如，可把资源开发分为“古民居、自然景观、古遗址、名人传说”等类别。其中“古民居”可开发的课题有：漂亮的建筑、家乡的老房子、神州风采、世界遗产等。这些课题可开发利用的资源有：武夷山的下梅古民居、邵武的和平古镇、光泽的崇仁明清古街等。而这些资源的传承方式有：探访古民居的建筑特点，了解其年代历史，调查不同雕刻图案的寓意，以及对建筑进行写生创作等。有这样一个翔实的传承体系，便能为学生营造更为轻松、广阔的学习空间，让学生在搜集积累与交流的审美体验过程中参与文化的传承，使美术教学更具文化内涵与特色。

例如，《凝固的音乐——建筑》一课教学。教材出示的是故宫的乾清宫、太和殿等建筑，给教材地方文化的开发、利用与融入提供了广阔的空间。教学中建瓯实验小学的何老师先让学生欣赏了故宫建筑的历史、材质、造型特点，接着对云龙石雕、宫门和屋檐上的仙人走兽等奥秘，结合书中的文字提示与搜集的资料进行探究交流，如：故宫大门上的门钉和铺首有辟邪和吉祥的寓意，而故宫屋顶的黄色则代表着皇族、皇权，太和殿屋檐上的仙人走兽皆为吉祥的象征。交流让学生感受到故宫建筑的结构、色彩、韵律之美及高雅、非凡、宏大的气势！然后教师进一步引导，在我们的家乡也有许多漂亮的建筑，它有怎样的历史、材质、造型……今天，老师要和同学们一起去欣赏、感悟我们家乡独特的建筑。接着让学生根据课前搜集的资料以展板的方式分成桥梁、古城墙、亭台楼阁、古民居、庙宇五块，从建筑的历史、结构、用途等方面进行互动交流。庙宇组的同学说：“我们搜集的是庙宇的资料。知道建瓯孔庙是八闽府级孔庙之冠，庙里的每根柱子都是歪的，体现了孔子的教育思想：不管是什么样的歪才、怪才，教育好以后都是有用的人才。让我们长了见识……”这样的融入与引导，既是对教材内容的拓展与补充，又激发了学生学习的兴趣；既激活了课堂，又凸显了教学的特色、品质与实效，让本土文化在学生愉悦的审美体验中得以传承，使文化与资源互补优化教学的目标落到实处，得以实现。

3. **评价与激励并进，品味学习的成功与快乐**

根据教材内容，把地方文化融入美术教学之后，如何对学生的学习进行正确、全面的评价，有其特殊性。本土文化的探究传承所呈现的是“调查探究—收集积累—融入教学—互动交流—传承创新”这样一个系统的过程，因此，不能把评价停留在学生的作业上，更需要通过学生在美术学习过程中的表现，对其在美术学习能力、学习态度、情感和价值观等方面的发展予以评价，突出评价的整体性和综合性。在美术教学评价中，要通过观察、记录，分析学生在美术学习活动中的客观行为，把评价与过程相融，对学生的参与意识、合作精神、操作技能、探究能力、认知水平及交流表达的能力等方面做出全面评价，让评价的内容更贴近学生的日常学习。同时，在过程性评价中要适时、适当地运用激励性语言，如：“这是你们实践合作探究的结果，老师从心底里为你们获得的成果感到骄傲！更为你们主动参与的精神而感到自豪”“你真是一位优秀的小导游，不仅把观察探访到的内容翔实地记录下来，而且讲解得既生动又有个性，老师向你学习”……这些动态课堂中生成的评价与激励，让学生在学习过程中既增强了自信，又体验了美术学习活动的成功与乐趣，真正发挥了评价与激励在美术教学中的功效。

例如，建瓯第一小学四（2）、四（3）两个平行班的过程性评价实验教学，通过一学年不同的过程性尝试与测评，两个班级的学习成效差异明显，其中四（2）班的教学常态是，课堂上教师适时地对主动搜集资源、积极发言的同学给予表扬，教师对作业一般，但课前搜集准备充分，课堂上表现出积极参与、合作探究的同学给予肯定与鼓励，表扬他们认真参与体验学习的全过程。这样一个时时留心学生课前的辛勤付出与课堂上积极参与表现的评价，增强了学生学习的自信，让学生品味到了学习的乐趣与成功的滋味，渐渐地学生们都喜欢上了美术课。而四（3）班的教学常态是，课堂上教师只注重学生作业结果的评价，而忽略了学生课前准备、积极参与学习的过程性评价，结果学生参与学习的积极性不高，学习的主动性不强，对美术课兴趣一般。具体情况如下表：

建瓯市第一小学美术学科学生过程性评价成效差异对比表

项目 \ 比率 \ 班级	四（2）班49人（有过程性评价）	四（3）班49人（无过程性评价）
积极参与率	95.9%	77.6%
资源搜集率	91.8%	71.4%
交流表达率	85.7%	73.4%
合作探究率	89.8%	67.3%
作业创意率	65.3%	40.8%
作品优秀率	83.7%	69.4%

可见，地方文化在融入美术教学中，过程性的有效评价不可忽视，这对提高学生学习兴趣，优化美术课堂教学，提升美术教学质量至关重要。只有注重过程性评价，评价与激励才真正意义上在课堂教学中得到落实。

总之，本土文化资源在美术教学中的开发与利用，既弥补了教材地域性差异的缺憾，又拓宽了学生的审美领域与学习空间，让学生在实践活动中感悟文化的内涵与价值，体验美术学习的成功与乐趣。在活动过程中，培养学生的实践、探究、表达能力及协作精神，从而提高教学的品质与效益，促进本土文化的传承与学生个性健康多元化发展，让学生在闽北本土文化“美”的感染中更好地受到审美教育，让常态的美术教学在闽北本土文化的发掘与融入中更具活力与实效！

二、本土文化的活用与用活教学

闽北曾为八闽首府，古风民俗颇多，既有古老的遗址、民居、庙宇，又有丰富多彩的民俗、传说、民间美术，如：武夷山的“古汉城遗址”“下梅古民居”，邵武的“和平古镇”，建阳的“考亭书院”“建窑”，建瓯的“鼓楼”“挑幡”等。这些资源为我们开发、利用和传承本土文化提供了许多很好的素材，让学生在亲近本土文化“美”的感染中，受到审美教育，并在融入与拓展中激活课堂，以乐趣的教学方式，激起学生学习的兴趣，进而优化教学。在福建省课题“闽北地方资源在小学美术（版画）教学中的开发与利用”与福建省名师课题“基于核心素养下的‘乐趣美术’课堂构建探究”的实验探究中，笔者通过深入各课题实验校调研，对各实验校本土文化传承的经验成果进行梳理与总结。

1. 在发掘与利用中拓宽审美视野

广东省教育厅的周凤甫教授指出：“美术教育教学应该立足并根植民族传统文化的精华，把发扬民族传统精神、弘扬民族传统文化作为主导性工作。这是当今乃至今后基础美术教育教学应有的定位。”因此，作为一名美术教育工作者，应把美术教育和地方文化资源开发、利用联系起来，引导学生对地方文化进行发掘、利用，让学生在搜集的审美体验过程中积极参与文化的传承，共享人类社会的文化资源，激发审美情趣并拓宽学生的审美视野。

为做好本土文化资源的发掘与利用的工作，要把开发利用校内资源与校外资源相结合，为学生提供更多更为丰富的审美空间。首先是校内资源的开发与利用。建瓯市第一小学的教师们充分利用走廊墙上的有限空间，创设了展示学生美术作品的画廊，把学生原创的版画作品和其他的美术作品悬挂其上。课间休息时，同学们经过常会不由自主地停下来，看一看，问一问：“这是谁画的？多棒呀！”这无形中让小作者感到了无比的自豪，也调动了其他孩子学习的积极性。这样，不仅可以美化校园，营造浓厚的艺术氛围，而且也有助于提高学生学习美术的兴趣与欣赏评价艺术作品的能力。其次是校外的资源开发与利用。要把建筑、公共设施、公园及自然景观等，作为开发与利用的内容，特别注意把当地的世界文化与自然遗产、非物质文化遗产作为教学内容开发。例如，武夷山的崇安中心小学的教师们充分利用“世界文化与自然遗产”特有的资源，通过对自然景观的欣赏与传说故事的搜集、讲解，用剪纸、彩笔画的方式创作了大量的美术作品。同时让学生走进“闽北历史博物馆”，聆听解放战争年代英雄的故事，进而对陈列的物品进行写生，以线描的方式予以呈现，在对学生进行爱国主义教育的同时，又让优秀的传统文化得以传承。合理实施对资源的开发和利用，使本土文化资源得到极大开发和不断地丰富，使教育思路更为宽广，学生的审美视野更为宽广。

同时，有条件的学校还可以编写具有地方特色的校本教材，渗透优秀的传统本土文化，弥补单一国家课程设置的不足，满足不同特点学校和学生的具体需求，以开阔学生的眼界和思路，提高他们的学习兴趣和审美欣赏水平，凸显学校办学特色，促进学生个性健康、多元化发展。例如：建瓯市第一小学开发的版画校本教材，取材于建瓯的本土文化，贴近学生的生活，学生对于身边的美易懂易学。而邵武实验小学自编的校本教材美术欣赏课《精雕细刻的建筑构建——砖雕》，则结合生活实际，把砖雕的艺术风格和闽北地区的砖雕分布及制作工艺进行发掘与教学，在玩乐与欣赏中将知识点渗透给学生，既拓宽了学生的审美视野，又让学生在身临其境、不知不觉中继承和弘扬了优秀的文化遗产。

2. 在活用与用活中激活课堂教学

著名的美术特级教师侯令指出：“开发和利用本地文化资源，最好的办法是在日常的美术教学中，把地方文化资源融入其中，这样的结合既自然，又使学生感到亲切。”因此，在领会教材的设计意图的基础上，教师应根据学生及本土的实际情况，活用资源，创造性地融入地方文化拓展教学内容，拓宽学生审美创作领域。学生在亲近本土文化“美”的交流中，引起强烈的共鸣，增强审美情感体验，加强对家乡的了解和热爱。这样，既激活了课堂，又弥补了教材地方乡土性的缺憾，从而进一步丰富学生的审美情感，体现美术课程的人文性，让课堂充满生机活力。

例如，《家乡的建筑》一课教学。教师充分利用和平古镇的文化资源，让学生走进古镇，了解家乡的历史现状、民族特色、建筑的背景故事等。在合作互动的探究中，学生们获得了审美感知，了解了古镇的文化内涵，其木雕装饰的象征意义、艺术价值及所体现的民族文化精神。课堂上，学生们把自己搜集到的资料和伙伴们一起分享，明白了“大夫第”的建筑年代，“僬楼”的意义及建筑图案“花开富贵”等的内涵。在创作中，学生非常投入地从建筑的整体、局部、故事、图案等方面进行创作，创作了作品《印象》等。在这样浓厚的文化情境中，学生们想学、乐学、会学，课堂气氛十分活跃，沉浸在浓浓的审美氛围之中。

进而，要用活资源。如《小吊饰》一课，展示的是用一次性纸杯、卡纸、果冻盒等做小吊饰。但有的地区，特别是农村很难找到废弃的纸杯、果冻盒等，如果要买这些材料花费较大，学生负担不起。因此教师可以灵活处理，根据本地的情况就地取材，将在城市随处可见的废旧纸杯，改为在农村更方便选用的芦苇秆、竹子等。将这些材料裁成段，用适合的连接或插接方法进行制作。这样，学生用身边的资源进行创作，倍感亲近，制作起来得心应手，课堂氛围也就易被激活，在乐趣的美术学习中收到良好的教学效果。

3. **在拓展与创新中优化美术教学**

“作为美术教育工作者，我们不仅要努力传播美术文化，而且要注意在自己的教学活动中，努力培养学生的创新意识和创造能力。”因此，我们要充分利用资源，拓展资源，创设有利于激发创新精神的学习环境，让学生在探究本土文化的过程中确立感兴趣的创作主题，并以综合活动的形式拓宽时空、延伸内容、扩大视野、发展思维。学生在创作家乡的艺术与文化的过程中，体验抒发自我情感及想象的乐趣，体验本土文化造型表现的乐趣，体验生命表达的乐趣，与本土文化的对话中实现生命意义的不断超越。在拓展与创新中优化美术教学，增强学生学习的自信心和自豪感，逐步培养学生对本土优秀自然和文化遗产的热爱，树立本土文化的保护意识，提高审美能力和创新能力。

例如，《建筑之美》一课的教学。叶老师先引导学生欣赏了富丽堂皇的故宫建筑群，感受东方建筑的气派，接着引导学生欣赏具有地方特色的建筑“鼓楼”“光孝寺”等。为了进一步拓展资源，激发创新，在欣赏具有一千余年历史的“崇仁禅寺”时，结合图片，让学生根据平时搜集的资料讲讲它的建筑年代—建筑样式及柱栏上优美图案的内涵。在优美的自然风光的感染中，学生们你一言我一语地谈论着对古寺的感受。学生对古寺更多了一份亲近感，为家乡有这样一个艺术宝库而感到自豪。这时，学生学习氛围正浓，教师抓住这个佳境，用多媒体出示了一组 2004 年“崇仁禅寺”被一场无情的大火烧毁的画面。通过介绍，孩子们无不惋惜地说：“这么美而神奇的千年古寺就这样被烧毁了，太可惜了！”可见，学生的情感已被激发。老师抓住这个“兴奋点”，进一步引导：现在景区正在征集重建这座古寺的方案与图样，如果让你们来设计，你们有什么办法让重建以后的“崇仁禅寺”不再受火灾和其他自然灾害的威胁？孩子们怀着对文物古迹、对生活的热爱，投入小组的探讨、想象与设计创作之中。有的小组为“崇仁禅寺”设计了防火报警系统，只要出现火灾，并会发出报警信号喷水灭火；有的小组则为它设计了移动的基座和机械手，如果山洪和泥石流来了，基座就会自然升起，同时机械手会自动清理泥石，从而起到保护作用……最后，全班同学以贴五角星的方式，对各组的设计进行了评选，并对有创意的设计颁发“奖杯”。这样一个富有情智的欣赏、设计与创作的拓展，不仅培养了学生的审美、创新能力，更重要的是增强了孩子们保护文物古迹、自然环境的意识和创造美好生活的愿望和能力。

再如，延平区胡敬勇老师承担的实验课题“蛇文化节”的研究。在让学生亲身体验蛇文化魅力的基础上，进行蛇文化标志、蛇纹服饰、专用腰鼓、蛇灯面剪纸的制作，再到蛇文化纪念品、绣花蛇的制作等，让学生从体验到参与制作，再到设计、制作服务于当地旅游的纪念品，是对文化资源应用的有效拓展，对优化美术教学、促进地方文化的传承与创新起到积极作用。

总之，在美术教学中发掘地方文化资源，用活与用好地方文化资源是书本知识的有益补充。既可弥补美术教材地方乡土性的缺憾，又有利于激活课堂教学，拓宽学生的审美视野，丰富学生的情感体验，形成健康的审美情趣，增强学习的自信心和自豪感。学生在本土文化的传承中了解家乡、热爱家乡，提高审美意识与创新能力，本土文化在学生们的真情体验、乐趣探究、绘画创造中得到传承。

三、本土文化的欣赏教学

1. 在研学搜集中感知美

著名的美术特级教师侯令指出：“课堂教学中把课本上的图片讲好、分析好必不可少，但课本上的图片不能包罗万象，特别是不能反映我们国家各地方的状况。一些乡土的东西只能靠教师与学生一起搜集补充，这样教材才会更有生命力，更加鲜活，更加贴近学生的实际，课堂氛围也会更加的活跃。”因此，每学期初，教师要根据美术课本的内容制订搜集计划，对适合融入地方文化的课题进行搜集。以人美版教材为例，第 1 册有《漂亮的建筑》，第 3 册有《雄伟的塔》《过春节》，第 4 册有《绘画中的节日》，第 5 册有《对印版画》，第 6 册有《中国龙》《吉祥图案》，第 8 册有《橙色的画》，第 10 册有《导游图设计》，第 11 册有《家乡的小吃》《家乡的艺术》《家乡的历史和发展》，第 12 册有《世界自然遗产》等等。

义务教育《美术课程标准》指出：“教师要充分利用地方资源，引导学生了解美术与当地历史、地理、经济、民俗、生活的联系，使欣赏与评述活动更贴近学生的生活，易于学生掌握。”闽北地处山区，有着浓郁的本土历史文化底蕴，许多地方可见古宅民居，其上面活灵活现的壁画、雕刻传递出大量的文化内涵与美感，成了美术欣赏教学丰富的“食材”，为培养学生的欣赏能力奠基。因此，在明确搜集内容后，家长与孩子利用节假日开展研学之旅，对相关的古民居、民风民俗进行搜集，提升学生美术文化理解与图像识读的审美判断力。

例如，教学五年级《家乡的老房子》一课。课前，教师与家长带领学生来到学校附近的“徐墩镇伍石村古民居”，通过走访搜集了许多古民居的历史资料与故事。教学时，教师把搜集的图片资料用 PPT 展示，在古典音乐的伴奏下，学生们不禁惊叹：“这就是我们家乡的老房子呢！简直太美了！我们的祖先太有智慧、太伟大了。”这时，教师抓住时机出示问题：1. 哪些图片让你印象最深刻，为什么？2. 这些图片让你感觉到古民居美在哪，外形的美还是内涵的美？学生小组讨论后用笔写下来，小组长汇总后推荐代表发言。有的说：“古建筑的柱头与门窗上雕刻的‘龙凤呈祥’非常精美，有吉祥、富贵的寓意。”有的说：“天花板上的‘福’字与周围的五只蝙蝠图案设计非常的独特，有‘五福捧寿’的寓意。”可见，在教师的引领下，通过观赏实践探索，学生们学会了用美术语言与文化内涵来欣赏古民居，欣赏能力得到了培养。

2. 在融入与引导中体验美

在教学实践中，由于受教材地域性的限制，一些课题与内容离本地学生的生活较远，学生不容易亲身体会到，无法引起共鸣，造成课堂气氛不够活跃。而本土的美术文化，贴近学生的生活实际，在日常的耳濡目染中，学生印象较深，在互动交流中容易引起强烈共鸣，为学生的欣赏与创作提供了一个更为广阔的空间。那么，怎样让本土的“美”进入课堂，让学生一起分享呢？最好的办法是把与本土文化有关的图片等资料融入日常的美术教学中，在自然、亲切的画面中激活课堂，补充教材地方乡土性的缺失，在乐趣中进一步提高学生的审美欣赏能力。

例如，《家乡建州》一课的教学。上课伊始，教师让学生根据课前乐趣调查、乐趣探究搜集的资料，分小组进行交流分享。

第一小组的同学说：“我搜集的是有关古建筑方面的资料。通过搜集，我们知道了鼓楼是五代十国时闽国王王延政所建，原名‘五凤楼’，它的建筑样式是‘重檐歇山式’，梁柱上的花卉有富贵、平安、吉祥的寓意……”

第二小组同学接着说：“我们搜集的是文物方面的资料。知道小桥阳泽出土的西周大甬钟，圆桶状，钟上布满云雷纹，中间还有圆柱 18 个，距今有 3000 多年的历史，可见三千多年前我们的祖先就已经在建瓯这块肥沃的土地上开拓疆土了……”

第三小组的同学说：“我们搜集的是民俗民艺方面的资料。挑幡是为庆祝明朝末年郑成功收复台湾，将士们将带回的军旗置于长竿之上，尽情挥舞，便逐渐演化为今日的挑幡习俗。可见自古以来，台湾就是中国不可分割的一部分，我们希望不久的将来台湾也能像香港、澳门一样回归祖国怀抱。”另一位同学接着说：“我还知道幡竿是用毛竹做的，竿顶有彩灯和六角宝塔。”旁边的同学急着补充，还有手舞东风转，脚踢西方柱等表演套路，边说边比画起来……

这样的融入与引导，让学生们发现了家乡建州的风采所蕴含的美感，欣赏、感知建筑、图案等的象征意义、艺术价值，感受当时家乡文化繁荣的景象和古代劳动人民的智慧及生生不息的精神。在乐趣的探究中激起学生对美术学习的兴趣，使学生的审美情感体验得到了深化，让欣赏在本土文化的滋养中更具实效。

3. **在利用与拓展中表达美**

《美术课程标准》指出：“美术是人类文化的一个重要组成部分，与社会生活的方方面面有着千丝万缕的联系，因此美术学习绝不仅仅是一种单纯的技能技巧的训练，而应视为一种文化学习。"可见，美术教学要创设一定的文化情境，增加文化含量，使学生通过美术学习，加深对文化和历史的认识。因此，在教学中，笔者常把欣赏教学和本土文化资源开发、利用联系起来，开展形式多样的美术教学活动，让学生在本土文化的研学探究之旅中确立感兴趣的主题，并通过互动交流，引导学生运用美术语言进行欣赏、表达与创造，最大限度地激发学生的创造潜能。让学生在欣赏与互动交流中，拓宽思维，体验赏析地方文化的每一点成功与快乐。

在美术欣赏教学中开发、利用、融入本土文化，既是书本知识的有益补充，又增添了教材的地方性、乡土性。学生在实践的探究中提高审美判断能力，增强学习的自信心，并在广泛的文化情境中认识美术的特征、美术表现的多样性以及美术对社会生活的贡献。

地方文化资源是祖先留给我们的宝贵财富，将其融入美术欣赏教学，对于培养学生的审美能力、陶冶学生的情操、明确美术在生活中的价值与地位具有重要的意义。不仅能让学生从多角度欣赏与认识身边的美术，掌握美术欣赏的基本方法，而且能使学生在耳濡目染的家乡文化资源中学会欣赏、学会传承。在地方文化资源的层层渗透中，学生的图像识读、审美判断、美术表现、文化理解的核心素养能力得到培养。

4. 在开展感悟地方名家画作教学中培养学生欣赏能力

在美术教学中适时地融入地方名家画作进行欣赏也是一个有效的欣赏方式。地方画家学生熟悉，有崇拜感与敬畏感，学生欣赏的动力与激情浓厚，利于欣赏教学的开展与学生欣赏能力的培养。这些地方名家的画作多体现当时家乡所处时代的人或事，有利于学生了解家乡的历史，在感悟名家画作的内涵中逐步培养良好的欣赏能力。

例如，五年级《同一幅画》一课的教学。教师在课前搜集了地方名画家陈德的一些版画作品，同时，课前布置学生搜集地方名家陈德的画作信息。教学时，教师把这些作品用 PPT 展示出来，并提问：1. 你喜欢哪一幅作品，能用美术语言说说原因吗？2. 从画面上看你能感受到作者当时的心理世界是怎样的？画家想表现什么？在小组长带领下，学生们各自进行了小组探究，教师适时点拨。在交流中，有的小组说，我们最喜欢陈德的《绿色金库》，因为那张画为绿色调，充满生机，色彩有深绿、浅绿、黄绿等，明度上由亮到暗，给人以渐变的美感；有的小组说，从陈德的作品年代中可以看出画家在中华人民共和国成立初期想通过“画面上的绿色”传达星火燎原之势，希望祖国的发展将像绿海竹林一样充满生命力，发展得越来越好……多么有创意的赏析与表达。可见，地方名家的作品多么有亲和力，让学生身临其境，在不知不觉中欣赏能力得到了培养。

5. **在探寻非物质文化遗产中培养学生赏析能力**

《美术课程标准》指出：“教师要提高学生对自然美、美术作品和美术现象的兴趣，珍视优秀的民族、民间美术与文化遗产，增强学生民族自豪感，形成健康的审美情趣。”而地方非物质文化遗产，主要是指口口相传、世代相承的、与群众生活密切相关的各种传统文化表现形式，如民俗活动、表演艺术、手工制品等。这些文化遗产，来自生活，来自民间，是学生们喜闻乐见的艺术活动，对于其特点、内涵、寓意的赏析，将有利于从生活的视角培养学生的欣赏能力以及热爱家乡的情感，营造乐趣的氛围，提高学生学习美术的兴趣。

例如，六年级美术《文化遗产》一课教学。教师选择了地方特色的国家级非物质文化遗产建瓯“挑幡”作为传承与欣赏的内容。课前，以走访或上网查资料的方式让学生们以小组为单位利用课余时间去调查建瓯“挑幡”的历史、制作工艺、表演形式等，为教学做准备。课中，教师让学生分小组进行交流展示，有的说：“通过探寻，我们知道了建瓯‘挑幡’的历史由来，它是明朝将领郑成功收复台湾后，凯旋的建瓯将士们将带回的军旗高挂竹竿上，竞相擎持，以示纪念，久而久之，逐渐演化成‘挑幡’活动。”有的小组说：“我们知道了‘幡’由彩灯、六角宝塔、小铜铃、绵幡、幡幅上绣的褒颂词句组成。绵幡的红色与竹竿的绿色形成对比色，具有民间美术的色彩，而幡幅上的词句下中黄色与幡布上的朱红色是邻近色，呈现和谐的氛围，体现了人与自然的和谐共处……”可见，在探寻建瓯“挑幡”的过程中，通过体验及用美术语言交流评述，学生的欣赏能力在身边文化的体验、熏染中得到培养。

总之，在美术欣赏教学中，教师要以学生为主体，充分利用身边的地方文化资源，通过多层面、多角度的观赏、体验、感悟，培养学生的美术欣赏能力，让学生在探寻、体验自然生活的乐趣美术中学会欣赏、学会评述、学会传承。

四、本土文化的创造教学

开发地方文化资源，传承本土文化已成为各地美术课改的特色内容。因此，在教学实践中，笔者抓住“中国版画之乡”深厚文化底蕴的优势，把地方文化资源融入版画教学中，开展形式多样的教学活动，让学生在富有情趣的学习活动中体验创新所带来的乐趣，使教学过程成为学生一种愉悦的情绪生活和积极的情感体验，让学生在快乐的体验中学会学习、学会创造。

1. 在文化底蕴的滋养中体验创造之乐

美术学习不仅仅是美术知识与技能技巧的学习，而应该是一种文化情境下的学习，要让学生在文化情境的氛围中感知理解创造，进而参与文化的传承。在此理念的引领下的美术版画教学，笔者首先利用“中国版画之乡——建瓯”的深厚文化底蕴优势，与建瓯市文化馆携手，带领学生参观了“建瓯版画”发展史。通过讲解，学生们了解了老一辈版画家的创作历程，简洁朴实的木刻版画在革命战争年代所发挥的作用，以及 20 世纪 80 年代建瓯版画曾晋京展出而名扬全国的辉煌过去。既对学生进行了良好的思想教育，又让学生为家乡的版画而感到自豪，树立学习自信心。同时，学生们在观赏中发现家乡的版画取材于生活，制作简单，是对生活素材的提炼和创造，只要自己善于观察、勤于动手和想象，也能像版画前辈一样创造出精美的作品。

其次，发挥学校版画展室和艺术墙的校内文化资源优势。带领学生欣赏学校哥哥、姐姐们创作的版画作品，介绍他们的创作经历以及学校少儿版画的开展所取得的成绩。面对这一幅幅来自生活而富有想象创新的童真童趣的画面，学生们觉得版画的学习创作并不是高不可攀的，只要平时关注生活，大胆想象，敢于尝试创造，相信自己也能创作出与众不同的版画作品。

另外，在学生欣赏以生活、民俗、古建筑等为题材的作品时，要引导学生了解与其相关的历史、传说、故事及寓意等，让学生在一定的文化情境中认识美术。如在欣赏被称为中国戏曲活化石的首批国家级非物质文化遗产——“政和四平戏”时，学生们除了了解其已有 400 多年的历史外，更重要的是他们还知道了四平戏的武打套路，传统戏服的装饰美及古戏服上的图案纹样、装饰的工艺手法，四平戏脸谱独有的黑、白、红的美术造型元素等。师生用相机等进行拍照、记录、搜集，并在课堂上进行交流。这样，在文化情境的创设中，加深了学生对闽北家乡文化和历史的认识，让学生在深厚文化底蕴的滋养中体验他人创新的同时，激发自己创造的欲望，为美术与版画教学与创作埋下伏笔。

2. **在生活实践的探究中体验创造之乐**

建构主义理论学习观研究表明，“持续学习的有效动机，只有通过引导学生去体验快乐，才能培养起来，这种快乐存在于他们自己所见和所选的问题解决中”。美术是人类文化的一个重要组成部分，同社会生活的方方面面有着千丝万缕的联系。因此，笔者在版画教学中，创造一切机会让学生到社会生活实践中观察、探究、搜集素材，发现美，并在本土文化的熏染中体验快乐，激发想象，诱发创作欲。“乐趣美术”教学为学生搭起由生活通往创造表现的桥梁，让学生在版画创作中活跃思维、大胆创造，体验成功的乐趣，增强自信心。

例如，《家乡美》一课教学。课前，笔者让学生利用双休日开展假日小队活动。同学们在家长的带领下参观、游览、调查了家乡的古建筑之美，如县前牌坊、通仙门等，对建筑的造型及精美的图案进行了记录，对建筑的背景资料、图片、故事等进行了搜集，有的同学还拍摄了照片、录像。在课堂教学中，孩子们纷纷拿出自己搜集到的资料与同学们一起交流分享，有的介绍了“通仙门”建筑的造型、图案的历史故事；有的则介绍了“县前牌坊”建造的奇特……在创作中，学生思路开阔，有的把精美的图案进行排列创作，有的以建筑最奇特的部分进行创作，有的则结合背景故事，再现古时候的情境……学生们沉浸在浓浓的审美体验氛围之中，无拘创造，作品的画面各异，个性鲜明，稚拙生动。可见，学生们在生活实践的探究中，发现了美，创造了美，体验了生活，享受了艺术创造的乐趣。

3. **在多种方法的制作中体验创造之乐**

《美术课程标准》提出：“美术课程应特别重视对学生个性与创新精神的培养，采取多种方法，使学生思维的流畅性、灵活性和独特性得到发展，最大限度地开发学生的创造潜能。”因此，笔者尝试以活泼多样的教学方式充分挖掘教材中的创造育人因素，通过创造性地教，促进学生创造性地学，结合地方文化让学生在多种方法的版画制作活动中形成创造意识，增强创造、实践的能力。学生在创造的成功体验中形成自主创新的精神，体验制作创新所带来的乐趣。

例如，《线条变变变》一课教学。笔者让学生结合家乡的生活风俗、古民居、传说等进行版画创作。在刻版后运用单色线版画的方法印制，通过局部平涂印制完成画面，使线条变化清晰、粗壮、刚柔相济，让学生感受利用线条变化创造画面所带来的美感乐趣。为了进一步开阔学生创造思路，除了在创作的内容上求异创新外，笔者还利用技法上的创新让学生体验不同画面效果所带来的美感。在单色线印制的基础上，在原版上用粉印的方法，按画面内容分色块印制，把变化的色彩与线条相结合，让学生感受在线条装饰美的基础上鲜艳厚重的色彩所带来的美感。接着在色底版上，结合水印的方法，用大号水粉笔把各部分的色彩利用水性让其相互交融，盖上宣纸或蜡光纸进行即时印制，使画面产生朦胧块面的浮雕效果。以上一版多法的印制，学生们特别喜欢，让他们感受了不同方法印制所带来的不同画面的效果及创作快感，同时激发热爱家乡的情感。在富有情趣的创作氛围中，提高了学生创作的兴趣和信心，他们乐学、想学、会学、创造性地学。

4. 在创作空间的拓展中体验创造之乐

作为美术教育工作者，不仅要努力传播美术文化，而且要注意在自己的教学活动中，努力培养学生的创新意识和创造能力。因此，笔者在版画教学中善于抓住学生好求胜、好想象、好创造的心理特点，创设各种问题情境，拓宽创作思路，唤醒蕴藏在儿童内心沉睡着的创造力量，并结合地方特色文化让学生在自己喜爱的活动中，以自由的心态驰骋思维，以无拘的行为大胆创作。既拓展创作空间，又让学生体验每一点成功与满足，享受创新学习的乐趣。

例如，《绘画乐园》一课的教学。笔者以游戏的方式创设情境，在大张的吹塑板上，随意画一些交叉变化的线条，提问：“你能发挥想象，把交叉变化的线条所组成的图形变成不同的物体吗？”学生们进入沉思之中，想象的激情顿时被调动。笔者指着线条围成的图形问：“这个图形像什么？”学生们从思考中恍过神来，有的说像鱼，有的说像小白兔……不同的学生所想象的各不相同。笔者进一步拓展，想象的内容可以是人物、动物、植物、风景、天上飞的、水里游的及想象创造的图像；可以是家乡古民居上的图案等等；也可以加上几笔或删减几笔。这一引导，学生们想象创造的思维被激活了，纷纷上台进行变化演示。于是在吹塑板上出现了鱼、小鸟、恐龙、月亮、笑脸、菠萝、房子等不同物件。接着笔者拿着吹塑板进一步拓展："同学们还可以横着看、竖着看、倒着看，这些图形又像什么?"通过一步步的拓展，学生创作的空间更为开阔，变化的图形画满了吹塑板。在教师的引导鼓励下，学生创作中出现许多富有个性的创造或表现地方特色的作品，如《欢乐谷》《弓鱼》等等。同时，笔者抓住有利时机，如从"弓鱼"技术的悠久历史、"弓鱼"的生活情节以及一百多年前"弓鱼打官司"的故事等让学生在创作之余融入本土文化。这样的拓展与创作，学生爱学、想学，让学生在自得其乐的创作活动中，感受到满足与愉悦，真正体验了创新所带来的乐趣。

总之，正如孔子所说的："知之者不如好之者，好之者不如乐之者"。在"乐趣美术"版画教学中始终应以学生学习的乐趣为出发点，通过融入地方文化，调动学生学习的兴趣，进而激发学生的创新潜能，让学生在轻松愉悦的创作氛围中，激情体验，感悟创新，张扬个性，体验成功，树立再创造的信心。

5. **在对本土名家的作品尝试创作中体验创造之乐**

在对地方文化本土名家的作品进行尝试创作中，笔者先让学生们探寻、欣赏画家陈德的艺术人生与作品。学生对创作步骤流程有了初步认识，对版画的创作充满了期待。笔者根据学生好奇求知的特点，由易到难、由简到繁地开展不同种版画的教学，让学生亲身体验其版画制作的方法与制作过程的乐趣，当一回"名画家"。

首先，让学生尝试简单的好操作的吹塑纸粉印版画。把画家陈德的《绿色金库》的内容用水彩笔画在吹塑纸上，接着用粗铅笔刻线，然后分别调出黄、绿、蓝色，根据不同的色块，及时调整色与水的饱和度，涂上不同的色彩，用黑色蜡光纸盖上印制，在多次尝试以后，完成一幅《绿色金库》的"模仿秀"。在动手实践操作中，学生们初步感受版画制作线条组合及调色印制所带来的美感乐趣。

接着，在另一个课时，笔者让学生尝试画家陈德的套色版画制作方法。先用铅笔在白纸上画《绿色金库》稿，再用复写纸描摹到木版上，根据图示进行刻制。接着调好黄、绿、蓝、黑的油墨，先在底版上滚上黄色，注意纸版标记要重合，再把图画纸盖上印下第一道色彩。然后刻除底版不要的部分，再按步骤依次印上绿、蓝、黑色，直至完成作品。通过这样的尝试，学生们从内容、方法上与名家作品有了零距离的接触与体验，感悟到其制作方法的严谨、有序，感受与粉印版画的印制不同的乐趣，在印制过程中体会画家创作的艰辛，并体验成功之后所带来的快乐，使名家的精神品格及版画的创作方法得到传承。

总之，在“乐趣美术”教学的架构内，通过探寻、赏析、尝试创作本土名家画作，学生们不仅学习与认知了名家的人格精神与品质，而且在亲近名家画作的乐趣体验创作中激发学习美术的热情，使版画创作的技法得以传承。闽北的本土地方文化资源甚多，我们将以不同的乐趣与创意学习方式加以开发、利用、传承，使美术课堂教学更有活力与质量。

第三章　课例品鉴

第一节　课堂实录与点评

一、体验赏析　内化提升——《神州风采》课堂实录与点评

（本课例曾获教育部“一师一优课、一课一名师”优质课，获教育部全国课题组现场展示课一等奖）

教材分析：

本节课是人美版教材第11册第12课的教学内容，是“欣赏·评述”系列课之一。通过观察、分析、探究等方法，引导学生欣赏各地的自然与文化遗产，关注古代的文明遗存和奇特的自然景观，通过赏析激发学生对生活、自然、人文、历史、艺术的兴趣，陶冶情操，增进学生对中华文明的历史和文化的了解、尊重与传承，提高学生的审美能力及综合素养。

学情分析：

以探究的教学方式，让学生进行网络搜集资料研学，符合六年级学生的心理特点。这一学龄儿童，他们掌握了一定的欣赏方法，探究能力强，能通过互联网对自然与文化遗产进行搜集与初读，了解本节课的内容，并在课堂的互动交流中掌握赏析自然与文化遗产的方法，乐于表达所见所闻、所感所想，增强保护自然与文化遗产的意识，提高自身的审美能力。

教学思路：

本课教学旨在通过探究赏析祖国和家乡的自然与文化遗产，培养学生保护自然与文化遗产的意识。因此，教学中先通过师生网络搜集、整理相关资

料，在课堂上以“忆一忆，说一说；赏一赏，探一探；议一议，评一评”的“乐趣美术”教学三环节展开。师生互动探究赏析我国目前被联合国教科文组织列为世界文化和自然遗产的项目，如，故宫、长城；家乡的文化遗产，如，鼓楼；家乡的非物质文化遗产，如，挑幡等。在了解、欣赏的基础上，从内心深处激发学生的民族自尊心、自信心和自豪感，提升学生热爱祖国、热爱家乡的情感，积极参与民族文化的传承。

教学目标：

1. 认知：通过调查与互动交流的方式，初步了解祖国与家乡的自然和文化遗产及独特的民俗文化。

2. 情感：在对家乡的地方文化进行搜集、欣赏与评述过程中，培养学生热爱祖国、热爱家乡的情感，增强学生保护自然与文化遗产的意识与体验探究的乐趣。

3. 能力：学生的搜集探究、欣赏分析、表达能力得到培养。

教学重点：初步了解和欣赏、表达与评述祖国、家乡的自然与文化遗产及独特的民俗文化。

教学难点：感悟中华民族精神，关注身边的自然与文化遗产，培养尊重和保护自然和文化遗产的意识。

教学活动过程：

一、乐趣认知——忆一忆，说一说（体验与感知）——导趣

师生畅谈平日游玩的旅游景点，进一步欣赏各地的风景，在互动中引出课题。

师：今年暑假，叶老师玩得可开心了，谁来猜猜叶老师开心的是什么？

生：去旅游。

师：你真是一个小神童，一猜就中。对了，叶老师不仅游了家乡的武夷山，观赏了武夷山的自然美景，而且还到北京旅游，欣赏了故宫、天安门等建筑之美，你们在暑假期间去过哪些风景名胜区旅游呢？说给老师和同学们听听。

（学生畅谈自己在假期去过的景点）

师：同学们能把旅游所见说出来，真了不起。除了你们说的旅游景点外，在我们家乡有（播放幻灯片）——建瓯黄华山、鼓楼；省内的有土楼；省外的有北京故宫，西藏的布达拉宫，安徽黄山等。

师：这些美丽的风景、建筑等是我们的祖先、自然界给我们留下的遗产，他们神采各异，给我们以美的享受，就让我们踏着这自然与文化遗产之路去领略一下我们祖国、家乡的风采（板书课题：神州风采）。

点评：设疑导入，让学生在情境创设中感受祖国大好山川、文物古迹之美，在真情体验中培养学生民族自豪感，激发学生学习兴趣，为下一环节教学埋下伏笔。

二、乐趣探究—— 赏一赏，探一探（感悟与赏析）—— 引趣

结合学生搜集的本土文化资源，分小组探寻我国的自然与文化遗产的历史与价值等。

1. 欣赏、探究中国的代表性建筑物——长城。

（1）你看了第一感觉是什么，你能用什么词语来描述。

师：（播放长城图）这是大家熟悉的——

生：长城。

师：它是我们中华民族的象征，看了长城，你的第一印象是什么？

生：长城很长。

师：它像我们绘画学过的弯弯曲曲的线。谁来画一画？

（生用线画出弯曲的长城）

（2）长城的建筑样式。

师：在长城之上，还有哪些建筑样式？

生：楼、门、台、关、洞。

师：这些建筑在长城之上，就像我们学过的点、线、面中的哪一个？

生：点。

师：谁来画一画？

（生用点装饰线画的长城）

师：这些点让长城更加富有节奏的美与壮丽。

师：长城长像线，楼、门、台、关像点，那么大山就像面，它们组成了我们心目中的宏伟的长城。

（3）长城修建的时间是什么时候？谁修建的？

师：长城是什么时候由谁建造的，有多长？请搜集的小组说说。

生：秦朝的秦始皇组织建造的，现存的明长城 6700 千米。

师：可见长城的历史悠久，在世界上是独一无二的。（引出文化遗产）

（师讲解什么是文化遗产：历史和艺术价值都非常出色的建筑遗址以及雕塑、绘画等遗产）

（4）播放其他的文化遗产图片。

师：除了宏伟的长城以外，还有哪些文化遗产？

生：（媒体播放图片，学生通过搜集的材料回答）有代表天方地圆之说的北京天坛、风景秀丽的颐和园、造型奇特的黄鹤楼、特色的古民居邵武和平古镇、古典皇家园林承德避暑山庄。

2. 欣赏探究四川九寨沟。

（1）在“神奇的九寨”歌曲中播放组图展现四川九寨沟，通过搜集的资料，你能说说九寨沟之美吗？

师：在欣赏完宏伟的长城等文化遗产后，让我们一起放松一下，随着优美的音乐欣赏九寨沟的自然风光。（播放音乐出示九寨沟组图）

水天一色的湖泊之美、色彩斑斓的五彩池、枫叶倒映的亮丽景色、梦境一般的蓝色多瑙河、彩林满目的群山之美，如诗如画、绿荫围湖的景观别有一番韵味，玉带飘舞的瀑布涓涓而下，红叶铺山的秀丽。这美，给人以激情。

师：同学边听音乐边思考四川九寨沟美在哪里？

生：色彩、颜色。

师：你们也有相同的感觉吗？

生：有。

师：这色彩是由什么形成的？

生：九寨沟是由树林、湖、泉、河、滩连成一体组成的美景。

师：尤其到了秋天，彩树倒映水中，千颜万色美不胜收，就让我们选取一些美景仔细地欣赏一下。

师：这张风景以什么颜色为主？

生：红色。

师：像我们以前三年级学过的红色的画。色彩由红变紫，最后变灰，带来一种渐变的自然美。红色让你感受到什么，想到什么？

生：温暖、喜洋洋、奔放、暖意融融之感、水煮活鱼、喜庆的节日等。

师：红色还可以用什么样的音乐来表现呢？让我们来舞一舞吧。（播放摇

滚乐）

师：这张风景是以什么颜色为主的画？

生：蓝色的画。

师：蓝色的画你能感受到什么，想象到什么？

生：幽静、清爽、凉爽，自由自在之感，梦境放松之美，让我们能静下心来好好学习。想到大海、蓝天之大。

师：其实我们的心胸要像这天、这海那么宽广、平静，去对待我们身边的每一个人、每件事，我们就能交到更多朋友。

师：蓝色的画与红色的画相比，又可以选择什么样的音乐来表现？

生：轻音乐。

师：让我们一起来放松欣赏吧！

（2）你们知道九寨沟属于什么世界遗产吗？它跟文化遗产有什么不同？

师：一幅红色与蓝色的风景竟然能给我们带来如此多的美的享受，那么整个九寨沟的全景是不是更美呢？大自然给九寨沟色彩斑斓的景色，那你能感受得到九寨沟属于什么遗产吗？

生：自然遗产。

（师讲解什么是自然遗产，自然遗产与文化遗产有什么不同）

师：自然遗产是自然景观和陆地及海洋的生物和植物，或者是包括地貌等在内的森林和山峰等遗产。

师：自然遗产是大自然给予我们的宝贵财富，文化遗产是我们祖先通过创造给我们留下的宝贵财富。

（3）播放欣赏其他的自然遗产图片。

师：除了九寨沟以外，还有哪些自然遗产呢？（播放图片让学生欣赏）

生：瀑布如沙透彻迷人，云海玉盘的泰山景致，山石奇秀之美的武陵云，五彩斑斓的黄龙之美，万木林上千种植物、有绿色宝库之称。

3. 欣赏与探究具有双世遗的武夷山（自然遗产）。

（1）自然遗产。

师：除了色彩斑斓的九寨沟以外，在我们闽北南平市又有哪些值得我们骄傲的风景名胜呢？

生：武夷山。

师：说得好，有谁游过武夷山，游过哪些景点，有什么感受？

（生讲各景点的特点与感受）

师：这么美的武夷山。让我们伴随着歌曲来欣赏一下武夷山的美景。武夷山奇、秀、美在哪里？（播放音乐图片）

造型奇特的玉女峰与大王峰端庄秀丽，九曲溪的摩崖石刻让人感受它的历史悠久，溪贯群山的秀丽美感，乘竹筏而下观两岸美景如诗如画，每座山峰都是一个奇特的造型，富有线条之美的晒布岩，天游峰云雾缭绕的美景，雾贯群山的朦胧之美。

（生带着问题欣赏）

①师：武夷山有三十六峰，九十九岩，峰岩顶斜，昂首向东，如万马奔腾，气势雄伟，千姿百态，每座山都有一个传奇故事，刚才的那首歌唱的就是大王峰和玉女峰的故事。每座山看上去都像一个放大的盆景。你们看岩石下面长着树丛花草，岩缝与山顶上都长着姿态各异的植物，造就了“石头上长树”的奇景，就像是盆景中的别致造型。这些山水错落有致地排列，构成了罕见的自然山水景观，给我们一种形式美感。

②师：整体地看，九曲溪就像一条线，把各个景点山石串连一体，构成“溪贯群山，两岸仙岫”的独特自然美景。细看溪水就像一面亮丽的镜子，上面的竹筏就像五线谱中一个个跳动的音符，在青山绿水间形成一幅美丽的画卷，真有舟行碧波上，人在画中游的美感。乘竹筏顺溪而下，可赏奇峰秀伟、千姿百态、争奇斗艳的形象美，可品泉歌鸟鸣、浪击轻舟、溪水流动的音韵美；可观篙点褐石、绿树红花的色彩美；可看流水游鱼、浮云飞鸟、艄公游人的动态美；可睹云绕山间、雾锁峰腰、雨罩群峰的朦胧美。

③师：近看石头的色彩怎样？

生：有冷有暖，有亮有暗。

师：再看，石头的纹理像什么？

生：像线、如雨、像不同的图案。

师：像不同的形状，体现了山石的秀奇之美。

④师：远看山石有什么感受？

生：像不同造型。

⑤师：再看同一景点不同时候的景色，让你产生什么样的美感？如：雨

后的大王峰与晴天的大王峰的美有何不同?

生：朦胧美的大王峰，艳丽秀奇的大王峰之美。

⑥师：再看冬天雪景的九曲溪，与夏天阳光照射的九曲溪，你又能产生什么样的美感?

生：银白色单一和纯洁的美，五彩斑斓的美。

⑦师：身临武夷美景，犹如漫步奇幻百出的山水画廊，聆听丰富有节奏的交响乐，欣赏韵味独特的瑶池歌舞，品味韵律有致的美的诗篇，如痴如醉，飘飘欲仙。这是武夷山自然景观的精华。

(2) 文化遗产。

①了解古汉城遗址。

师：看完了武夷美景，让我们简单了解一下古汉城遗址，谁来介绍一下?(播放图片)

师：那么武夷山具有自然遗产的特点吗?

生：有。

师：具有文化遗产的特点吗?

生：有。

师：因此，它是双世遗——自然与文化复合遗产，是值得我们骄傲与自豪的。

②了解朱子文化。

4. 欣赏、探究建筑标志性建筑——鼓楼。

(1) 从色彩与建筑样式上欣赏鼓楼的艺术价值与美感。

师：(播放鼓楼与北京天安门组图) 欣赏完让我们值得骄傲的武夷山之后，我们一起欣赏一下家乡建瓯的景致。这是建瓯的标志性建筑——鼓楼，看完之后给你什么感受，能让你想到什么?

生：像北京的天安门。

师：对比一下，有什么相同与不同的地方?

生：都用了红色，以红色为主，红色的墙、柱子，白色的扶手，都是明清时期的重檐歇山式建筑。

生：天安门瓦片是金黄色，鼓楼是青灰色。

师：天安门有北方皇家建筑的特点，而鼓楼则有南方帝王建筑的特色。

还有什么不同吗？

生：天安门有五个城门洞，鼓楼只有三个。

师：可见都具有帝王建筑的特点。

师：红色是当时皇室专用的颜色，而黄色是清黄旗军的颜色，代表着一种军权统天下的内涵，汉白玉只有皇家可以用，显得天安门与鼓楼建筑高贵而壮丽。

（2）通过搜集资料，介绍鼓楼的历史与艺术价值。

①鼓楼是什么时候由谁建造的？

②梁柱上雕花的含义是什么？

师：接下来让我们了解一下鼓楼的建筑年代（播放图片）。

5. 欣赏建瓯特色民艺——挑幡。

（1）播放挑幡组图，从淳朴的民间色彩与造型上欣赏挑幡之美。

师：欣赏完建筑鼓楼之后，让我们一起来欣赏家乡建瓯的挑幡，了解挑幡的由来。（播放录像）

师：顶上有六角宝塔，彩带上写着什么？你的第一感受美在哪？

生：色彩上用了具有农民画特色的红、绿、黄。

师：从造型上看，竹子像点、线、面的什么？顶上的六角宝塔像什么？彩带像什么？

生：线、点、面。

（2）通过搜集资料，了解挑幡民艺。

①幡的制作工艺。②挑幡的套路。③挑幡的由来。

师：幡是由什么做成的呢？（播放文字）10 米长的毛竹，重，舞起难，想不想看一下它的套路？

师：有什么套路呢？让我们一起欣赏。（播放图）

师：同学们想玩吗？给半分钟时间可以拿出一支铅笔插上橡皮试试。

（生表演）

师：好，时间到，10 米长的幡，难度是不是更大，佩服不佩服挑幡的技艺？

师：接下来，让我们来了解一下挑幡的由来，谁来说说？

（师播放文字）

（3）了解家乡其他的自然与文化遗产。

（播放图片：建阳的考亭书院、建窑，松溪的湛卢文化，顺昌的宝山神猴文化，延平的蛇文化节）

点评：通过以小组为单位对祖国、家乡的自然与文化遗产进行材料的搜集与积累，培养学生的观察、分析及语言的总结与归纳的能力，增强对自然与文化遗产的了解，激发学生热爱祖国、热爱家乡的情感，在探究分享中体验美术赏析的乐趣。

三、乐趣评价——展趣议一议，评一评（内化与延伸）—— 展趣

1. 对我们身边的文化和自然遗产应该如何保护？

师：如何保护我们身边的文化遗产？（播放文字）

（生谈感受与想法）

不修建非遗产的经营性建筑，不破坏地形植被、生态和水系。不把遗产景区人工化、商业化和城市化，建立相关法律。

2. 本课学了哪些内容，你都掌握和明白了吗？

师：让我们回顾一下这节课我们学了哪些内容，谁来说一说？

（学生回忆巩固所学的内容）

3. 小结拓展。

师小结：同学们，这节课我们从色彩、点、线、面观赏了神州的风采，初步了解了祖国及家乡的历史与文化遗产，这些遗产让我们感到骄傲与自豪。在学习中，让叶老师感动的是，你们的热情大方、聪明活泼，能积极地投入探究学习活动，搜集材料、发现知识，掌握知识。课后还要继续巩固，更加详细地对文化遗产进行观察、了解与创作。最后让我们一起诚挚地欢迎全国的老师、同学们到建瓯的“天安门”一游，欣赏建瓯挑幡的技艺。

点评：通过开展互动式交流，巩固所学知识，加强学生对中国遗产的保护意识，增强学生的创作信心与评议能力。

专家点评：

大家好！叶杨荣老师执教的《神州风采》一课是人美版第 11 册教材，属“欣赏·评述”领域，其内容、形式贴近学生生活，让学生在生活中发现美、感受美、欣赏美，培养学生热爱生活、保护遗产的情感。这堂课，叶老师很

好地把握教材要求，从教学设计、组织形式都体现了很新的教学理念，教学思路清晰，目标明确，通过灵活多样的教学活动来指导学生积极参与。教学中突出了学生的主体地位，注重培养学生用美术语言进行欣赏，课堂开放而富有活力，应该说，这是一堂学生感兴趣的美术课，是一堂成功的课例。本课的亮点主要表现在以下几个方面：

一、注重过程体验，充分发挥学生的主动性。

课改非常强调学生在学习过程中的主体地位，课堂教学注重以学生的生命为本，以学生的发展为本。我们不仅要将学生视为教育的主体，更应切实地将他们看作教育过程的平等参与者、合作者。本课教学，叶老师设计了一系列活动，让全体学生积极主动地参与到活动中来，在“忆一忆，说一说”“赏一赏，探一探”“议一议，评一评”等过程体验中，充分展现学生的个性，对文化遗产与自然遗产的内涵与欣赏进行初步的理解与掌握，突破了本课教学重、难点，使教学目标得以实现。

二、注重运用美术语言交流表达，使学生的知识得到自主建构。

课标指出：课堂教学中应提倡师生间的情感交流和平等对话。而叶老师在教学过程中，注重学生体验后的互动交流与表达，使新知识在学生脑海与心灵中得到建构。如在“赏一赏，探一探”的环节中，叶老师始终以点、线、面、色彩的美术语言让学生欣赏长城、武夷山、九寨沟、建瓯鼓楼等遗产特征，融纯净的美术语言于山水和建筑欣赏之中，使学生在交流体验中掌握遗产特点与欣赏的方法，让学生在轻松、愉快的氛围中知识得到了建构。

再则，叶老师的这堂课由远及近、由大及细、环环相扣、层次深入，概念的界定生动感性，因此学生的参与率越到课的后期越高，且欣赏紧扣课的重点，拓展到绘画、音乐、剪纸、雕刻等方面，使学生参与体验变得生动鲜明，课堂教学扎实有效。

教学是一门艺术，我们只有在实践中不断思考，在新课程的指引下积极探索，努力实践，才能使我们美术课堂成为学生喜欢的乐园，让孩子们在快乐中学习，在学习中体验快乐！

（浙江师范大学美术学院教授　李力加）

二、欣赏·体验·感悟·内化——《三个好伙伴》课堂实录与点评

（本课例曾荣获教育部优秀课例评选一等奖、福建省优秀课例评选一等奖）

教材分析：

本课是湘版教材第 4 册第 5 课的教学内容，是色彩知识学习的系列课之一，目的是通过吹画等有趣的游戏活动，让学生初步认识三原色，了解三原色的重要作用，体验美术学习的乐趣。

学情分析：

以游戏活动的教学方式，让学生进行体验性学习，符合低年级学生的心理特点。二年级的学生在自然生活的体验中对色彩已经有了一定的感知，学生在富有情趣的活动中能积极参与到探究三原色的过程中，初步掌握吹画的方法，体验三原色相融的微妙变化，使学生在轻松、愉悦的活动过程中掌握知识，体验成功与快乐。

教学思路：

本课目的是引导学生认识三原色，了解三原色的重要作用，培养学生对色彩的敏锐感受力。因此，笔者根据二年级学生的心理特点，组织了许多富有情趣的游戏活动，让学生在名画欣赏、吹画与玩色水等游戏中去寻找、发现、认识自然界和生活中的三原色，探究、体验、感悟三原色两两相融后的色彩微妙变化，谈谈对三原色的感受。学生的自主性与合作性得到了充分的体现，个性得到张扬，在自由表达中总结规律，形成认识，从而使新知识得到自主建构与内化。

教学目标：

1. 认知：认识三原色，了解三原色的重要作用。

2. 情感：让学生在游戏活动中体验美术学习的乐趣，激发热爱自然、生活的情感。

3. 能力：培养学生的观察力及对色彩敏锐的感受力。

教学重点：

了解三原色的重要作用。

教学难点：

初步掌握吹画的方法。

教学活动过程：

一、乐趣认知——欣赏与感知（看一看，找一找）——导趣

1. 通过对荷兰著名画家蒙德里安的抽象画的欣赏与分析，让学生发现三原色，认识三原色。

师：同学们爱做游戏吧！想做游戏吧！今天，老师给同学们带来了三个可爱的小伙伴，想见见它们吗？这三个可爱的小伙伴是三种不同的颜色，它们组成了荷兰著名画家蒙德里安的抽象画《棋盘》（多媒体出示），你们瞧瞧，能从画中找出这三个好伙伴吗？

学生被游戏的情境创设所激发，都想见这三个好伙伴，先后找出了这三个好伙伴是红、黄、蓝三种颜色。

教师根据学生的回答板书：红、黄、蓝；并用“真了不起”“观察可认真啦”等鼓励语进行激励。

师：瞧，你们找对了，它们在向你招手问好呢！这三个好伙伴就是我们今天要学习的内容（板书课题：三个好伙伴），它们是色彩大家族中最重要的三个成员，我们叫它们“三原色”（板书：三原色）。给它们取个名字吧，红色的这位我们叫它红红，黄色的这位叫黄黄，蓝色的这位叫蓝蓝，通常红红大名叫品红，也就是偏紫的红色，黄黄叫柠檬黄，蓝蓝叫湖蓝。千万别小瞧它们哦，它们本领可大着呢，不仅可以组成漂亮的画面，还可以把我们的生活装扮得非常美丽，就让我们一起走进它们的世界，与它们手拉手一起学习、体验吧！

2. 欣赏由红、黄、蓝组成的生活、大自然的美景，回忆补充生活中还有什么东西是红、黄、蓝色的，从而了解三原色美化生活的作用。

学生欣赏自然生活中三原色的图片，被美的图片所惊叹。

师：除了你们看到的这些美景外，生活中还有哪些东西是红、黄、蓝色的呢？老师举个例子，吃的有吗？穿、住、行、用的有吗？

学生根据生活经验，纷纷说出了红色的辣椒、蓝色的鞋子、黄色的窗帘、蓝色的小汽车，“神舟七号”飞船上印有红色的国旗和黄色的五角星，水粉笔杆是蓝色的等等。

师：可见三原色在我们生活中无处不在，它们除了在生活中给我们带来美的享受外，还可以手拉手组合变成好多漂亮的颜色。

点评：通过让学生看一看大师的画，找一找三个好伙伴来认识三原色，感受画面的美，发现三原色在生活中无处不在，调动学生已有的生活经验，充分激活学生的视觉、想象及思维功能，开启了学习之门。

二、乐趣体验——体验与交流（吹一吹，说一说）——引趣

1. 教师出示吹画作品“五彩树”，让学生猜猜它是如何绘制出来的。

师：瞧，这两幅漂亮的“五彩树”作品多美呀，你能猜猜它是如何绘制出来的吗？

（学生通过观察，猜出是用红、黄、蓝三种颜色吹出来的）

师：对了，是用嘴吹的，好玩吧。（多媒体出示：树的特征）可是树的主干是粗的，小枝是细的，色水要滴多少，怎样吹呢？你们想试试吗？那就借助红红、黄黄、蓝蓝三个好伙伴的力量把我们班分成红、黄、蓝三个小队，让红红、黄黄、蓝蓝为我们加油吧！给大家 5 分钟的时间，先吹一种颜色。一边吹一边想，你是怎样吹的？从上往下吹？还是斜着吹？还是横着吹？吹完后各小组派一名代表谈体会，好，开始。看哪组吹得又快又好，先吹完的组，叶老师给加一个小笑脸。

2. 学生选一种颜色吹彩色树，尝试色彩的浓淡程度、色滴的大小、吹气的方向、力度等不同所产生不同的画面效果。

学生在白纸的下端滴上一种颜色，试着吹一吹（教师适时指导）。

师：请各小组代表谈谈你是怎样吹的，有遇到什么困难吗？

学生边交流方法边示范：点色后从下向上用力吹出主干，色滴要大一些，浓一些，斜着吹；吹小枝时要大口横向吹，一气呵成，嘴要与纸平行，这样吹起来很轻松。

师：从同学们的体会中，可以看出大家已经基本掌握了吹画的方法。但是，叶老师刚才认真观察后，还发现了两个问题：一个是色滴太浓了，吹不动，吹得头昏；一个是色滴太稀了，糊了，干了以后看不清。对吹画还掌握不清楚的同学，还可以看老师的示范。

教师边示范边讲解，让全体学生都能明确地掌握吹画的方法。

点评：通过吹一吹，初步让学生尝试体验彩色树的绘制方法，激发学生的学习兴趣，并在说一说中了解树的特征，明确吹画的方法，为探究三原色的作用埋下伏笔。

三、乐趣探究——感悟与联想（玩一玩，想一想）——展趣

1. 三个小队分别尝试用红、黄、蓝三种颜色吹出“五彩树”，观察三原色相融所产生的色彩变化，进一步明确三原色的作用。

师：同学们刚才的表现都很出色，给每队加一个小笑脸。下面老师要求同学们用红、黄、蓝三种颜色吹出三棵彩色树，注意按刚才吹的方法，使每棵树的树枝融在一起，连在一起，观察色彩相融后的变化。红色遇到黄色变成了什么？黄色遇到蓝色变成了什么？红色遇到蓝色变成了什么？

学生在纸的下端分别滴上三种颜色，吹出不同的五彩树，观察色彩相融后发生的变化。

师：在吹画的过程中，你们发现颜色相融后色彩有什么变化？

学生观察后发现，红的遇到黄色变成了橙色，黄色遇到蓝色变成了绿色，蓝色遇到红色变成了紫色。

教师根据学生的体验回答板书：红＋黄＝橙，红＋蓝＝紫，黄＋蓝＝绿。

2. 进一步尝试三种色水两两相融后所产生微妙的色彩变化。

师：接下来，我们再做一个游戏实验，体验一下色彩微妙变化的过程。

教师出示红、黄色水，把黄色一点一点加入红色中，让学生看到色彩微妙变化的过程。

学生拿出6个矿泉水杯，红色水、黄色水、蓝色水分别调两杯，由组长负责把一种色水倒入另一种色水杯中，观察色彩慢慢地发生了什么变化。

教师根据学生的感悟回答板书：三原色的作用→能调出千变万化的颜色。

3. 分别看看红、黄、蓝三种颜色，想一想，它给了你什么感觉，或使你联想到什么？

师：明确了三原色的作用，下面我们一起来做个想象游戏，看谁脑子最灵。分别看看三原色，它给了你什么感觉，或使你想到了什么？（多媒体出示三种颜色及不同的画面）

学生根据各自不同的感觉回答：红色让我感到温暖、热闹喜庆、热情，想到了大红灯笼……黄色让我感到鲜明、亮丽，想到了黄色的房子……蓝色让我感到优美、凉爽、舒畅，想到了大海……

师：大海那么宽广，我们的心胸也要像大海一样的宽广，去对待每一件事、每一个人，才会有许多的人喜欢你、帮助你，才会有更多的好伙伴。

点评：在玩一玩色水游戏及吹五彩树的过程中，让学生观察、体验、发现三原色在自然融合后所产生微妙的色彩变化，明确三原色能调配出许许多多颜色的重要作用，并通过想一想三原色所带来的感受，让学生在体验感悟和表达交流中加深对三原色的认识，使整个课堂显得生动有趣。

四、乐趣拓展——内化与延伸（说一说，评一评）——持趣

1. 通过这节课的学习，你有什么收获？有什么困惑？

师：好的，同学们，今天我们看到了三个好伙伴的本领，你能说说你有什么收获吗？或学到了哪些知识，还有什么困惑？

学生谈收获与困惑并小结达成共识：三个好伙伴团结协作，在一起可以变出许多不同的色彩。

师：可见，团体的力量之大，只要每位同学表现好，我们班就是最棒的。

2. 吹吹自己喜欢的图形如：动物、植物、风景、图形等。

师：课后，同学们还可以吹吹自己喜欢的图形，如动物、植物、风景等，进一步享受吹画游戏的乐趣。（多媒体出示图）

师：同学们，这节课我们掌握了吹画的方法，明白了三原色的作用，让老师感动的是你们的热情大方、聪明活泼，积极地投入探究学习活动中去发现、掌握知识。

3. 齐读儿歌，深化巩固。

师：最后，让我们用一首儿歌来结束我们今天的学习活动。

生：学生齐读儿歌：红红、蓝蓝和黄黄，真是三个好伙伴，组成色彩大家族，把我们的世界来装扮。

点评：在观察、体验了三个好伙伴的本领后，让学生说一说这节课的收获，评一评自己对知识的掌握程度，有利于学生系统地掌握知识，并通过对动物、植物、风景等图片的欣赏，引导学生课后吹吹自己喜欢图形，使课堂学习得到了延伸，最后以朗诵儿歌的方式，使整堂课得到内化与升华。

板书设计

三个好伙伴

三原色 { 红 黄 蓝 → 红+黄=橙 黄+蓝=绿 红+蓝=紫

↓ ↑

作用：能调出千变万化的色彩

专家点评：

大家好！叶杨荣老师执教的《三个好伙伴》一课通过一系列直观有趣的学习活动，让学生去发现、去感知、去总结规律，形成认识，使学生进一步体验到美术学习的乐趣，给笔者留下了值得回味的三个小亮点：

一、注重过程体验，充分发挥学生的主动性。

课改非常强调学生在学习过程中的主体地位，课堂教学注重以学生的生命为本，以学生的发展为本。我们不仅要将学生视为教育的主体，更应切实地将他们看作教育过程的平等参与者、合作者。教学中，笔者设计了一系列游戏活动，让全体学生积极主动地参与到活动中来，在“看一看”“找一找”“吹一吹”“说一说”“玩一玩”“想一想”等过程体验中，去发现、去感知、去总结，充分展现学生的个性，新知识得到初步的理解与掌握，突破了本课教学的重、难点，使教学目标得以实现。

二、注重交流表达，使学生的知识得到自主建构。

课标指出：课堂教学中应提倡师生间的情感交流和平等对话。在教学过程中，笔者注重学生体验后的互动交流与表达，使新知识在学生脑海与心灵中得到建构。如：在“吹一吹”“玩一玩”环节中，叶老师让学生在吹画及玩色水后，交流观察到的现象及结果，归纳三原色相融后的变化过程，从而使本课的重点“三原色的作用——能调出千变万化的色彩”得以强调。学生在非常愉快、轻松的氛围中知识得到了建构。

三、注重激励与生成引导，增强学生学习信心及良好行为的养成。

通过激励性的语言，让学生充满信心，从而自信愉快地投入到课堂学习中，这样，学生的创造力就会得到最大限度的挖掘。例如：上课伊始，教师出示蒙德里安的抽象画《棋盘》，让学生从画中找出三个好伙伴时，一位学生一次就把三个好伙伴“红、黄、蓝”给讲出来，这时叶老师及时给予鼓励：“真是了不起的发现，这么快就找出三个好伙伴！”这一表扬使这位学生在整堂课中积极参与并主动发言。而生成中的行为引导，让学生受益匪浅，例如：在学生谈本堂课的收获时，一位学生说：“通过这节课的学习我知道了三个好伙伴，团结协作能变成许多种不同的色彩”，此时，叶老师首先给予肯定：“说得好！”接着因势利导说：“是啊，团体的力量真大，同学们，如果我们每位同学都表现好，咱们班就是最棒的！是不是呀?”学生欣然接受。可见，潜移默化的行为引导，对学生的成长影响之大，使本课得到了升华。

（福建省特级教师　刘践源）

三、多方体验　整合优化——《会变的线条》课堂实录与点评

（本课例曾荣获福建省优秀课例评选一等奖）

教材分析：

本课是人美版教材第3册第15课的教学内容，是继第2册《我们身边的线条》一课内容之后的线条系列课，目的是引导学生初步认识不同种类的线条带给人的美感，培养学生的造型能力。

学情分析：

版画既是美术课程的内容，也是我校校本课程的内容，笔者利用“中国版画之乡——建瓯”的深厚文化底蕴的优势，让学生结合生活用单色版画把变化的线条给表现出来。由于平时的普及，学生们学习基础好，积极性很高，创作欲极强，因此作品内容丰富，个性鲜明，让学生在地方文化的情境中拓宽创作视野，体验成功带来的快乐，营造了良好的学习氛围。

教学思路：

本课目的是引导学生初步认识不同种线条带给人的美感，培养造型能力。因此，笔者摆脱了教材的束缚，以学生的发展为本，以生命为本，结合生活，组织学生在“玩”线与“找”线的基础上大胆地把音乐、美术进行整合，让学生在创作中动起来，在音乐中舞起来，充分体验线条变化给他们带来的快

乐。同时，利用建瓯版画的深厚文化底蕴的优势，用单色版画把变化的线条给表现出来。在学生作业评价中，注重学生评价的反馈互动，让学生大胆发表不同的情感体验，在激烈的互动评说中学会欣赏，张扬个性，从而很好地使教学目标得以实现。

教学目标：

1. 认知：引导学生初步认识不同种线条有秩序、有规律地变化给人带来的美感。

2. 情感：让学生欣赏乐曲的节奏变化美，体验音乐与美术的共通点，表达自己的情感，体验版画制作的乐趣。

3. 能力：在感受、体验乐曲的变化中，学生尝试用不同线条表现线的变化，培养学生自主、探究的能力及创新意识，并掌握单色版画印制的基本方法。

教学重难点：

重点：根据学生的情感体验，在音乐与美术的互通中学习线的变化。

难点：初步掌握线的变化及单色版画的印制，并能用变化的线条进行简单画面的表现。

教学过程设计：

一、乐趣认知——认识与体验（玩一玩）——激趣

让学生通过玩一玩铅丝，认识、体验已学过的一些线条。

师：来，可爱的小朋友们！让我们一起玩一玩桌面上这根铅丝，你能把它变成不同的线条吗？好，动手变一变，变好了吗？拿起来给老师看一看。

学生根据已学的线条知识动手变出自己喜欢的线条并互相欣赏。

师：哇！你们真像一位小小的魔术师，用灵巧的双手变出了这么多不同的线条，有弯的、曲的、旋转的等等，其实小朋友们会变的线条还很多，今天，我们就来跟“会变的线条”（多媒体出示）交朋友。让我们大声地喊出新朋友的名字吧！

学生齐说：会变的线条。（教师板书课题：会变的线条）

点评：通过让学生玩一玩手中的线，感受、发现线条变化的乐趣，充分激发学生学习的热情，为新授课埋下伏笔。

二、乐趣调查——审美与欣赏（找一找）——导趣

让学生找一找身边及自然、生活中的直线、曲线、折线、弧线等，感受、

欣赏自然中各种线变化组合的美感。

师：这些会变的线条就在我们身边，它们无处不在。小朋友们，找一找看。你找到了吗？谁来说一说？哪里还有呀？

学生探究发现桌面、多媒体前台、窗户、铁门、衣服、学具桶提手、墙、黑板等处有不同的线条并互动交流。

师：除了我们身边的这些线条外，自然生活中还有许多美丽的线条，就让我们走出教室，走进大自然中去瞧一瞧，找一找，好吗？[多媒体出示自然生活中的线：直线（建筑）、曲线（山路）、折线（护栏）、弧线（树轮）、立交桥（螺旋线）等]

学生自主说出不同的线条，教师适时鼓励，营造课堂学生参与氛围。

师：这些线条还可以组合成美丽的画面呢，让我们一起来欣赏。（多媒体出示自然生活中线的图片，如：叶纹、树的年轮等）

学生们一起欣赏由不同的线条相交所组成的画面，被线的魅力所感染，不由得发出惊叹声，开启了想象创作之门。

点评：通过找一找生活中的线，调动学生已有的生活经验，充分激活了学生的视觉、触觉及思维的功能，对线进行审美体验与感受，增强了学生的审美感受的能力。

三、乐趣探究——联想与描绘（听一听、舞一舞）——引趣

1. 播放节奏变化的乐曲，让学生听一听，感受线的变化。

师：这些线条不仅看得见，还可以用耳朵听。不信，我们跟着乐曲节拍的快慢、强弱来试一试，听一听，感受一下是否有线条在舞动。（第一次播放乐曲）

学生闭着眼睛听，感受乐曲快慢、强弱所带来想象中线条的变化。

师：你们感受到有线条在舞动吗？

学生们情不自禁地畅谈听完乐曲后对线的不同感受。

2. 学生把感受到的线条画出来，并探究问题：线有什么变化？

师：那你能用笔画出来吗？请拿出白纸跟着乐曲的节拍的强弱、快慢，把线条画出来。（第二次播放乐曲）

学生根据乐曲的节奏用笔在白纸上表现所感受到的线条变化。（实物投影仪出示学生的练习）

师：你为什么这样画？线条有什么变化？

学生概括：因为音乐放得慢我就画得宽一些，音乐放得快我就画得窄一些……有的宽、有的窄、有的长、有的短……

师：其他小朋友们也有同样的感受吗？还有不同的变化吗？

学生尽情说出对乐曲与线的不同感受。

3. 把变化的线条用彩带舞出来，让学生在快乐的体验中张扬个性。

师：来，下面就让我们做做课间操，跟着乐曲的节拍把这些线条给舞出来，好吗？（第三次播放乐曲）

学生根据乐曲的节奏用彩带舞出自己喜欢的线条，课堂氛围被推向高潮。

点评：通过“听一听”，让学生在用体态、手势表演中感受乐曲中线的旋律与节奏，感受乐曲节奏强弱、快慢的变化；“舞一舞”让学生在轻松的氛围中，尽情享受线的优美变化，巧妙地把乐曲融入美术教学中，创设了良好的气氛，使那些不善于当众表演的学生也能像模像样地动起来，强化了学生对线的视觉感知，使整个课堂显得生动有趣。

四、乐趣体验——体验与创作（画一画、印一印）——展趣

让学生在美妙的乐曲伴奏下进行版画创作，并明确创作要点：

（1）你画的线有变化吗？（2）线刻宽、刻深了吗？

师：这么美而有变化的线条，可以用不同的方法画出来。今呀，小朋友们能用我们喜欢的版画把刚才听乐曲感受到的线的变化用变化的线条画出一个美丽的画面吗？有信心吗？在画时除了按以前所学的版画制作要求外，还应注意老师的提示：1. 你画里的线条变了吗？2. 用铅笔刻线，刻粗了吗？

师：小朋友们可以选择自己喜欢的内容来画，在印时用一种颜色平涂，基础好的同学还可以用多色粉印，把线条给印出来。在创作中，要发扬互相帮助的精神，先完成的同学帮助没画完的同学，给小朋友 15－20 分钟的时间，看哪一小组最快画完。下面，就让美妙的音乐伴随小朋友们进行创作，看谁画中的线条变化最美。

学生按创作要求画出不同的线描图。

学生按单色或多色粉印版画的方法对富有个性的作品进行印制。

点评：充分发挥“建瓯版画”深厚的文化底蕴的优势，将其融入教学中，让学生用版画的形式来表现变化的线条，把美术教育和地方文化资源开发与

利用联系起来，让学生在本土文化的情境熏染中，拓宽创作视野。

五、乐趣拓展——评价与延伸（评一评）——持趣

1. 学生自评、互评，提高表达、欣赏能力。

(1) 让学生说说画了些什么？线条有什么变化？哪里画得最满意？

师：小朋友们画得真不错，这么多美丽的作品，让我们来说一说、评一评，好吗？你能告诉我，都画了些什么？线条变化了吗？有什么变化？哪里画得最满意？

学生大胆评价自己作品的优缺点。

(2) 哪一幅画你最喜欢？为什么？

师：小朋友们对自己作品的评价都说得非常好！那你能告诉我哪一幅画的线条变化最棒，你最喜欢？为什么？

学生畅谈对自己心目中优秀的作品的看法，同时吸取其他同学作品的优点，丰富自己的审美与创作经验。

师：小朋友们的画都很棒，但老师觉得这几幅作品最棒，最喜欢，因为它把线条的长短、疏密都画出来了，你们也有共同的感受吗？那么叶老师也奖给他们一个棒棒娃。

学生以投票的方式评出最好的八幅作品，并贴上奖励的图形。

2. 拓展与延伸。

师小结：瞧，这节课我们新交的朋友——“会变的线条”多美呀！它不仅可以给我们带来丰富的想象、美丽的画面，还使我们的生活多姿多彩。回去后，用“会变的线条”为自己勤劳的妈妈设计一件花衣服，有兴趣的同学还可以用线条画下学习生活中的每一个动人的画面。

点评：让学生在对同一问题的评价时，谈自己的看法、想法，从而使评价在互动反馈中有效进行，充分调动学生参与评价的积极性，保持活跃的状态，提高了学生的审美能力。

专家点评：

叶杨荣老师执教的《会变的线条》一课，能根据课改新理念，大胆地把音乐与美术进行学科整合，让学生“全方位”地对线进行审美体验，并结合建瓯作为“中国版画之乡”的深厚文化底蕴优势，利用版画的形式进行创作，

让学生在轻松、愉悦的氛围中把不同的线条巧妙地表现出来，是一堂成功的课例，值得同行们学习与探讨。该课的特色之处有以下几点：

一、多种感官参与体验，激发学生学习兴趣

在教学过程中，只有让学生通过多种感官参与体验，才是学生获得艺术经验最有效的基本方式，也只有在参与体验的过程中，学生才能感到发现探索的乐趣，展开他的想象力、创造力，体验成功。教学中，叶老师通过让学生玩一玩手中的线，找一找生活中的线，听一听、舞一舞音乐中的线，充分激活了学生的视觉、触觉、听觉及思维的功能，对线进行了“全方位”的审美体验与感受，从而激发了学生的学习兴趣，增强了学生的审美感受的能力。

二、美术与音乐的整合，优化美术课堂教学

教学中叶老师巧妙地把乐曲融入课堂探究，通过“听一听”，让学生用体态、手势表演乐曲中线的旋律与节奏，感受乐曲节奏强弱、快慢的变化；“舞一舞”让学生在轻松的氛围中，尽情享受线的优美变化，在玩中动起来，在音乐中舞起来，巧妙地把乐曲融入美术教学中，创设了良好气氛，使那些不善于当众表演的学生也能像模像样地动起来，强化了学生对线的视觉感知，使整个课堂显得生动有趣。

三、融入本土文化资源，拓宽学生创作视野

在美术课程改革中，许多老师把美术教育和地方文化资源开发与利用联系起来，赋予了这次课改新的生命力和特色。在教学中，叶老师能充分发挥“建瓯版画”深厚的文化底蕴的优势，将其融入教学中，让学生用版画的形式来表现会变的线条，由于学校平时的普及，学生创作积极性高，作品内容也丰富多彩，学生在本土文化的情境熏染中，拓宽了创作视野。

四、多方互动评价反馈，提高学生审美能力

在教学过程中，以往评价始终围绕着每一位教师。问题在于课堂评价的单一化，没有把评价与其他学生的感受、体验联系起来，使互动成为空壳。而在本课的教学中，学生在对同一问题的评价时，叶老师能引导学生对刚才评价的同学的见解谈自己的看法、想法，从而使评价在互动反馈中有效进行，充分调动学生参与评价的积极性，保持活跃的状态，提高了学生的审美能力。

（福建省特级教师　陶雅珍）

第二节　课例设计与反思

一、联想·感悟·描绘·内化——《绘画游戏》教学设计与反思

教材分析：

本课是人美版教材第4册第2课的教学内容，是线条知识学习的系列课之一，目的是通过游戏活动让学生根据线条随意变化产生的形状进行想象设计，添画上各种具象或抽象的形象，构成一幅生动有趣的画面。

学情分析：

以游戏活动的教学方式，让学生进行体验性学习，符合低年级学生的心理特点，二年级的学生在自然生活的体验中，对线条已经有了一定的感知，学生在富有情趣的活动中能巧妙地利用随意线，添加生动有趣的形象，形成一幅富有新意的画面，体验线条变化带来的乐趣。

教学目标：

1. 认知：认识线条，初步了解用线条进行绘画游戏的基本方法。

2. 情感：让学生在游戏活动中充分发挥想象，激发创新，体验美术活动的乐趣。

3. 能力：会利用随意线条形成的图形，发挥想象，添加形象，完成一幅有趣的画。

教学重难点：

重点：学习利用随意线条形成的图形，发挥想象，添加具象或抽象的形象。

难点：巧妙地利用随意形，添加生动有趣的形象。

教学过程：

一、乐趣探究——认知与联想（画一画，看一看）——激趣

1. 画一画已学过的各种线条。

师：今天，老师给同学们带来了一个用线条来表现的“绘画游戏”（多媒

体出示)，想玩吗?

学生被游戏的情境创设所打动，异口同声地说：想。

师：在游戏之前，老师先把全班分成4个组，每桌的两位同学为一小组，对表现积极的小组，将给予加分或奖励。

师：先让我们进入绘画游戏的第一个环节“画一画”——把学过的线条画出来。(多媒体出示)

师：谁上来画一画？哇，个个都是爱表现的勇敢者，我喜欢。

学生上台在黑板上分别画出了直线、波浪线、折线、弧线、螺旋线等。

2. 对由线组成的图形进行联想，添加变化，形成新的形象。

师：这些线条连起来还能组合成不同的图形，如图。(多媒体出示)

师：瞧，转动这个图形(多媒体出示)，从不同方向角度观看，这个图形像什么，添上几笔，你能把它变成新的形象吗?

生(很有信心地说)：能!

师：请同学们拿出藏在抽屉里的图形，转动纸张看看图形像什么，添上几笔，把它变成新的形象，利用1分钟的时间，看哪组最快完成，开始。

学生转动纸张看图形像什么，并积极地把它添加变化成新的形象。

师：各组都完成了，让我们来看看都变成了哪些新形象。

师：谁来说说你是从哪个方向角度看这个图形像什么，把它添加变成了什么?

学生纷纷表达自己的创作体会：有的说，我是正着看这个图形像雨伞，所以把它添加变成了雨伞；有的说，我是倒着看这个图形像小船，所以把它添加变成了小船……

师：都把变化的图形拿起来放在胸前给叶老师看看。哇，你们真是一位位小小的魔术师，变出了这么多不同的形象。在图形变化过程中，你发现了什么?

学生小结(多媒体出示)：一个图形从不同方向、角度观察，能想象添加出许多不同的形象。

师：接下来，老师请同学们帮个忙，拿出抽屉里的小张白纸，帮助老师随意地画一个图形。(师在黑板示范)然后，同桌的两位同学互相交换图形，转动纸张看图形像什么，再用笔进行想象添加变化成新的形象，时间为2分钟，明白了吗？看这次谁的小手快，脑子灵，开始。

学生在白纸上随意地画一个图形，然后同桌同学，互相交换图形，添加变化成新的形象。

师：都画完了，下面谁来说一说你都添加变化成了什么？

学生争先恐后地说：我添加变成了房子，我添加变成了冰激凌……

教师根据学生的回答用“有创意，有特点，让我另眼相看”等语言加以赞扬。

3. 看一看范画中不同的形象，并对形象进行分类，进一步明确想象变化的内容。

师：好，都把变化的形象举起来放在胸前给叶老师看看。哇，你们真了不起！不同的图形能变出这么多可爱的形象，如果像书本的作品一样，在一个画面上用线条把它们表现出来，是不是很有趣？就让我们一起走进书本中这些有趣的画面里去看一看，作品中都有哪些形象，（多媒体出示）喜欢吗？

学生指着作品说：有人脸、小鸟、南瓜、袜子……

师：这么多可以联想的形象，可以分成几类呢？谁来分一分？

学生从所画、所看的形象中总结分类，联想内容为（多媒体出示）：人物、动物、植物、吃的、用的、穿的等等。

设计意图：通过让学生画一画已学过的线条，以及从不同方向、角度观察由线条连成的单个图形所带来的不同联想，进行想象添加变形，从而激发学生的学习热情。同时，在看一看优秀作品中形成认识，拓宽想象空间与思路，为探究绘画游戏的方法与步骤埋下伏笔。

二、乐趣体验——感悟与描绘（想一想，变一变）——导趣

1. 想一想，书中的作品是怎样完成的？

师：由这些内容与形象所组成的书中生动有趣的作品是怎样完成的呢？请同学们想一想（多媒体出示）。

学生讨论探究第一步为：随意画交叉线，分割画面，把它分成不同的形状。（多媒体出示：步骤1. 随意画交叉线，分割画面）

师：怎样画随意的交叉线，分割画面，便于联想呢？请看三组线条分割图（多媒体出示：三组线条分割图），你觉得哪一组便于进行联想呢？为

什么？

学生通过对比回答：①画面分割过于简单，不容易引发联想；②画面分割过于复杂，线条间隔过密，不易进行联想；③画面分割均匀适中，线条疏密得当，易于联想添画。

师：可见，用线条进行画面分割时，线条之间不要太密或太宽，要注意疏密得当，这样形成的形状便于联想。

师：画完随意线，分割画面之后，下一步该做什么？

学生感悟说：想象，添上几笔，变成其他的形象。

师：对了，你观察真仔细。（多媒体出示：步骤2. 联想添加变形）

师：给你一幅线条分割图（多媒体出示），要进行添加变形，首先我们要做什么？

学生讨论说：从不同角度观看，联想形象。

师：对，比如线条分割图中的随意一个图形（多媒体出示），我们可以从正着、竖着、倒着等方向观察产生联想。看像什么，再添加变形，添画的形象越独特，越有创意越好。

师：图形都变化完成以后，下一步做什么？

学生感悟说：上色。

师：对了，你真聪明。（多媒体出示：步骤3. 涂色装饰）

师：颜色涂在哪里？

学生通过欣赏作品回答：主要的物体、背景。

师：你们的眼睛真灵，一眼就让你看出来了。（多媒体出示：主体物与背景）

师：选择什么颜色进行涂色，使形象更突出？

学生欣赏画面后回答：鲜艳的颜色，如红、橙、黄相邻、较浅的颜色。

师：观察得真仔细。画面中除了鲜艳、较浅的颜色外，深的颜色还有哪些呢？

学生通过欣赏对比后回答：深蓝、深红、深紫等。

师：将深、浅的颜色涂在同一个画面中，形象会怎样？

生：更加鲜艳突出。

师：因此，在涂色时要用鲜艳、对比较强烈的色彩使形象更加突出。

2. 变一变。

（1）明确创作要求

师：知道了创作步骤，让我们明确游戏规则之后变一变。（多媒体出示：游戏规则）①各小组先画好随意交叉线，分割画面；②画完后，第1组与第2小组的同学进行交换创作，第3组与第4小组的同学进行交换创作；③用鲜艳、深浅对比的颜色装饰。

师：明确创作要求后，下面各小组开始创作。（多媒体出示：变一变）

（2）分小组创作，教师辅导。

设计意图：通过想一想，探究感悟绘画游戏的方法与步骤，体会用线条的疏密关系合理分割画面便于产生联想的重要性，并在变一变添画不同形状的过程中，开启学生丰富的想象力及创新思维，鼓励学生表现独特的想法，让学生在个性张扬中激活课堂，体验学习的成功与快乐。

三、乐趣拓展——内化与延伸（评一评，说一说）——持趣

1. 各小组自评，谈创作体会。

师：都创作完了，让我们先说说自己的作品吧，你对自己的作品及过程满意吗？为什么？

学生从变化的形象生动，色彩鲜艳及创作的成功与快乐方面加以回答。

2. 各小组互评，谈建议。

师：对自己的作品感到满意后，我们交换作业进行互评，第1组与第2组，第3组与第4组的同学，交换作业，互相提建议，谈谈你对别人作业的看法，对对方把你的线条分割图进行创作出的画面满意吗？为什么？

学生畅谈图形的不同变化，对哪种变化使画面更有创意提出意见，同时从色彩等方面加以评说。

3. 各组评出最有创意的画，并对在学习与创作过程中积极参与的同学进行鼓励。

师：下面请各小组讨论一下，评出一张最生动、最有创意的画，并说说为什么？

学生从线条分割图的匀称，变化形象的生动，色彩使物体形象更突出等说明选出的作品的生动与创意。

师：这四张画的确是有创意的，祝贺他们！但是从这些画的背后也让老师看到同学们的一种积极参与的精神，比如：第一组的第四小组、第三组的

第二小组的同学创作的作品，虽然不是很有创意，但是他们始终在积极努力地创作，这种积极参与、永不放弃的精神，值得我们学习，给予掌声鼓励。

4. 通过本节课的学习，你有什么收获？

师：通过本课的学习，你有什么收获，学到了什么？

学生从学习体验中畅谈体会：有的说学到了一个图形通过想象能变化成许多不同的形象，有的说在学习中体验到了快乐……

5. 教师对作品及创作过程进行总评，使知识在内化与体验中得到延伸。

师：这节课，同学们利用随意线条形成的图形进行想象添加变化，形成新的形象，组成一幅生动有趣的画面。在这个和谐的大家庭中有人物、动物、植物、吃的、用的、穿的等等，他们友好相处，互不伤害，其实我们人也要像这幅画的形象一样，人与人、人与自然友好相处，世界将变得更加美好。同时，让叶老师感动的是同学们的热情大方，敢于想象，积极参与游戏活动全过程，掌握绘画游戏的方法，体验绘画游戏带来的快乐。课后，同学们还可以用我们学校独有的版画特色、版画形式进行绘画游戏的创作，（多媒体出示：版画作品）进一步享受绘画游戏带来的乐趣，不断提高自己的想象力与创造力！

设计意图：通过赏一赏、评一评的自评与互评，引导学生大胆、自由地把所感、所想表达出来，进一步明确绘画游戏的方法与内容，提高欣赏评述能力，并在说一说这节课的收获中，使新知识的学习得到内化与升华。同时通过对版画作品的欣赏，引导学生课后用学校独有的版画特色与形式，进行绘画游戏的创作，使课堂学习得到了延伸，知识得到了建构。

教学反思：

本课是二年级教材中一节造型与表现课，教学目标是引导学生根据线条交叉形成的图形，进行想象添加，形成新的形象，培养学生的想象力与创造力。因此，笔者根据二年级学生的心理特点设计了许多富有情趣的游戏活动，让学生上下左右转动线条连成的图形，从不同方向、不同角度观察图形所带来的不同联想，添画形象，并在随意形与线条交叉分割图的交换创作中掌握绘画游戏的方法与内容，体验美术活动的乐趣，同时在自评、互评及过程性评价中，激发学生学习美术的兴趣，体验学习的成功与快乐，使教学目标在学生的自主与合作的游戏活动中得以实现。

1. 激发学生的学习兴趣和热情。在此课的教学中，发现有些学生往往不敢在作业纸上下笔。针对这个问题，在讲解游戏规则的同时，教师首先在黑板上闭上眼睛用一条线，画了直、曲、折等变化且又连贯画满画面的大小不等的随意形。学生们在下面一边看一边窃窃私语，弄不清楚老师所画何物。有大胆的学生问："老师，我们今天是不是要乱画呀？"也有的学生一边看一边说："老师，这个画像太阳，那个形状像房子。"学生情绪高涨，七嘴八舌发表自己的观点，绘画欲望大大增强。等画完以后，老师就告诉同学们这是绘画游戏的一部分。此时，给学生创设了愉快而又新奇的学习氛围，伴着不同的动感音乐，让学生随意画线，再将这乱乱的线变成美丽的画面，这一教学环节的设计，激发了孩子们的兴趣，课堂活跃，效果很好。

2. 引导学生观察讨论，发挥学生自主学习能力。在画过线条之后，把主动权交给学生，发挥学生自主学习能力，例如，完成线条以后，关键的是要从中寻找出具象的图形来。有的学生说看不出对方画的像什么东西。此时教师并没有直接具体指出，而是引导学生扩宽想象空间或将纸变换不同的角度再仔细观察，如此，学生们不但找到了具体添加物，而且个个形象生动、可爱。又如，对于完成早的作品，并未亲自评价查找不足，而是让早画完的学生互相评价查找不足，自行制订解决办法。这样不仅培养学生的分析能力，也提高了孩子们的自主探究，合作学习，以及美术鉴赏的能力。再如，在如何让学生欣赏作品时联系自己的作品进行想象，我设计了这样几个问题：小朋友是怎样添加的？为什么这样添加？你画线条时应注意什么？你所画的线条成了许多形状，你能把它想象成什么呢？学生既欣赏了作品又能和自己的画相联系，通过大胆的想象，开拓了思维，轻松地获取了美术知识。

3. 学生在添加形象时想象力丰富，作业生动形象、妙趣横生，课堂效果很好。在这一节课中，把激发兴趣、鼓励发现、引导想象作为重点，学生在愉悦的气氛中增强了想象力和表现力。教师最大的收获是在教学中适时地引导学生在游戏中发现美、创造美，并愉悦地参与到游戏活动中。在今后的教学设计中，我要不断改变教学手段，努力地开发学生的想象力和创新潜能，关注学生的新发现、新思路，抓住他们的思维火花，使课堂教学充满生机和活力。

二、欣赏·探究·感悟·升华——《四季的色彩》教学设计与反思

教材分析：

本课是人美版教材第7册第1课的教学内容，是继三年级色彩知识学习之后的一节“欣赏·评述”课，目的是让学生初步认识不同季节的色彩变化，体验不同色彩给人带来的不同感受，并在对艺术作品的赏析中培养学生审美与表达能力。

学情分析：

通过三年级的色彩三原色与三间色的学习，学生具有了一定的色彩理解能力，在对比欣赏中能较好地体验不同色彩带来的不同感受。同时四年级学生有一定的文学知识积累，对四季也能选择适合的词语来表达。因此，学生能在轻松愉悦的活动中掌握欣赏方法，感悟作品的内涵，体验欣赏、评述所带来的成功与快乐。

教学目标：

1. 认知：通过对图片与艺术作品的欣赏，让学生初步认识不同季节的色彩变化，体验不同色彩给人带来的不同感受。

2. 能力：以写短文的形式让学生对四位画家的作品进行赏析，培养学生的欣赏分析与表达能力。

3. 情感：感受大自然的魅力，培养学生观察大自然、热爱大自然的情感。

教学重点和难点：

1. 重点：认识四季的色彩，体验、表达色彩带给人的不同感受。

2. 难点：用写短文的方法，表达自己对艺术作品的感受。

教学准备：

教师设计音像结合、图文并茂的教学课件。学生搜集有关四季的图片及资料，并和家人聊一聊对不同季节的感受。

教学过程：

一、乐趣探究——欣赏与感知（看一看，猜一猜）——导趣

1. 出示四季图片，让学生猜一猜各是什么季节，初步感受四季色彩的

变化。

师：同学们瞧一瞧，老师给你们带来了什么？请你们猜一猜这些图片分别表现了什么季节？（多媒体出示四季的图片）

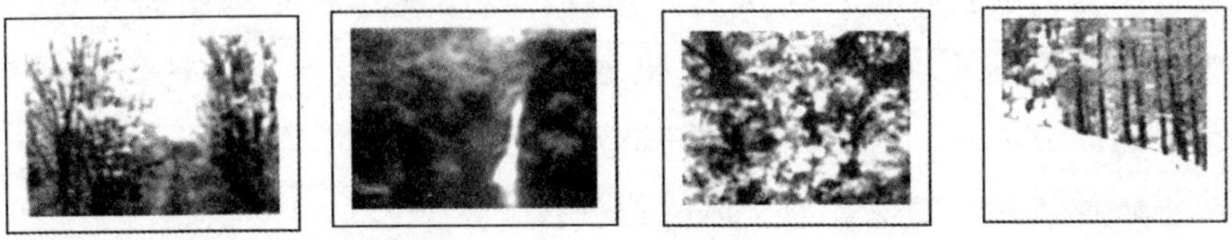

学生通过欣赏与感知，说出春、夏、秋、冬四个季节。（教师板书：春、夏、秋、冬）

师：那么，你从哪儿可以看出它们是不同的季节？

学生感知与交流：景色不同，色彩不同，因此可分辨出不同的季节。

师：不同的季节有不同的色彩，这四季色彩的变化就是我们今天共同学习的内容。（板书课题：四季的色彩）

2. 展示学生搜集的图片，让学生表达对不同季节的感受。

师：下面就按四季把我班分成春、夏、秋、冬四个小组，每个季节的小组拿出搜集好的本组季节图片，并讲一讲从中你看到了什么？它是一个什么样的季节？

各小组的学生在已有生活经验的基础上纷纷说出自己的感受，其他组的同学予以补充，教师概括整理。如下表：

季节	你看到了什么	你认为是一个什么样的季节
春	树叶、小草吐出了新芽，桃花开了，动物从冬眠中醒来……	春季是嫩绿、生机勃勃、万物复苏、春光明媚的季节。
夏	百花开了，大树枝繁叶茂，太阳火辣辣地烤着大地……	夏季是一个阳光明媚、五彩缤纷、火热的季节。
秋	果实成熟，树叶变黄了，天气凉爽了……	秋季是一个丰收的、金色的、令人欣喜的季节。
冬	树叶落了，下雨了，结冰了，人们穿起了厚重的棉衣，动物冬眠了……	冬季是寒冷的、宁静的、蕴含生机的季节。

师：大自然四季轮回，它展示给我们不同的色彩，带给我们不同的美好

感受，请你把自己的感受填写在书上。

学生把自己体会最深的季节感受填在书本的空格线上，并和组内的同学说一说。

设计意图：创设情境，利用图片资料，结合表格明显对比的形式，使学生初步感受大自然中四季丰富的变化，并充分利用教材，通过简单的设问，激发学生的学习兴趣，为下一环节的深入学习埋下伏笔。

二、乐趣认知——探究与交流（找一找，说一说）——引趣

1. 找一找，四位画家的作品有什么相同与不同之处？

师：刚才同学们对四季的变化有了初步的感受与认识，表现得都很棒，给每组加一颗小五星。接下来，我们要做一个更深入的探究，说说书中四幅表现春、夏、秋、冬的作品有什么相同之处与不同之处？

《早春之路》东山魁夷（日本）

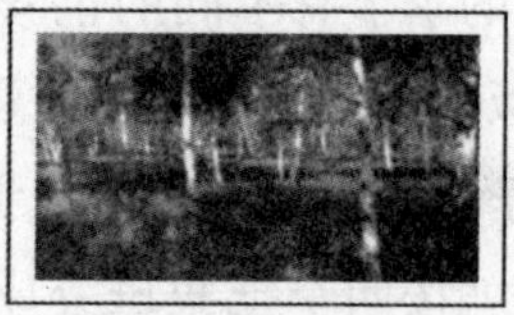

《夏》列维坦（俄国）

《金秋》林风眠（中国）

《冬猎》勃鲁盖尔（尼德兰）

学生对比交流后发现：相同的是每幅作品中都有树，都是风景画；不同的是表现的是春、夏、秋、冬不同的季节，画法不同，用色不同，视觉效果不同……

2. 分小组赏析四幅作品的用色及表现形式，感受作品表现的不同美感。

师：既然四幅作品各有不同，那么我们继续分小组进一步欣赏、分析作品的美感，请各小组带着问题赏析。（多媒体出示表格中的问题：作品表现什么季节？用了哪些色彩？看到了什么，感受到了什么？采用什么艺术表现形式？）

各小组学生迅速展开探讨，针对问题进行赏析交流。

师：同学们带着问题，经过讨论，已有了感悟，下面就请各小组派代表说一说。（教师引导小结并进行整理概括如下表）

小组	作品、作者	表现什么季节	用了哪些色彩	看到什么，感受到了什么	用什么艺术表现形式
春	《早春之路》作者东山魁夷，20 世纪日本著名画家	春季	蓝色与绿色	树木、小草发芽的景象；从小草的色彩和柔软的枝条及嫩叶看已有春意，寓意春季孕育在冬季之中，画面细腻，表现了作者独特的感受。	日本画
夏	《夏》作者列维坦，俄国 19 世纪杰出画家	夏季	绿色	阳光在白色的树干和绿色的叶子上颤动着，游戏着，旁边是鲜嫩的青草和星星点点的小花；展现了柔和、清新的充满生命力的夏季自然景色。	油画
秋	《金秋》作者林风眠，20 世纪中国画家	秋季	红色、橙色与黄色	浓重的山色及耀眼的红、橙色树木；表现了秋天的热烈、红火，给人以热烈、欢快的感受。	中国画
冬	《冬猎》作者勃鲁盖尔，16 世纪尼德兰杰出画家	冬季	棕色、土色、黄色与绿色	几个猎人正带着一群猎犬从山岗上打猎归来，远处有人在水上滑冰或捕鱼；树上鸣叫的小鸟、打猎归来的人们等显示出冬天所蕴含的生机。	油画

3. 让学生说一说四位画家主要用了哪些色彩表现不同的季节，并谈一谈不同色彩带来的感受。

师：同学们经过找一找，说一说的探究活动，对四幅作品进行了欣赏、分析，了解了作品的内涵，掌握了基本的欣赏作品的方法。表现很好，给每组再加一颗小五角星。接下来，让我们进行一个小结，说一说四位画家主要用了哪些色彩表现不同的季节。

学生根据前面对作品的分析与交流，互动评说，教师板书小结。

蓝、绿色→春季；绿色→夏季；红、橙、黄色→秋季；棕、土黄、绿色→冬季。

师：这些色彩给你什么感受？

学生根据心中不同的感受回答：蓝、绿色给人感觉幽深、凉爽，让人想到大海与树林；红、橙色给人感受热烈、温暖，让人想到热闹、喜庆的场面，想到丰收的场景……

设计思路：通过小组合作探究、交流的方式，强化认知，初步培养学生自主学习与合作学习的能力，分析问题与解决问题的能力，让学生基本掌握用艺术的眼光欣赏中外绘画作品的方法，学会用美术语言表达自己的感受，提高学生欣赏与评述的能力。

三、乐趣体验——感悟与升华（想一想，写一写）——展趣

1. 选择自己最喜欢的作品，说一说，有什么感受，并把感受用简短的文字写出来。

师：同学们对色彩的感受与想象都有着自己的见解与想法。带着这种感觉从四幅作品中选择你最喜欢的一幅，说一说你有什么感受，并用简短的文字写出来。

学生选择自己最喜欢的作品，充分发挥观察、欣赏与想象的能力，畅谈对作品独到的见解，用短文呈现对作品的感悟，如欣赏《金秋》的短文：在耀眼的阳光下，高大的树林呈现出明亮的黄色与红色，树叶在秋风中沙沙地轻唱，使人想到在这外表宁静的村庄里，却充满着秋天收获的气息……

2. 让学生猜一猜不同的同学写的感受是哪一幅画。

师：既然同学们都有深刻的感受，写得切合实际，接下来我们就来做一个猜一猜的游戏，各小组派代表把写好的作品感受读出来，同学们猜一猜它描述的是哪一幅作品。

学生认真听取同学的感言，通过自己对作品的感悟，猜出描述的是哪一

幅作品，使本课所学知识得到了升华。

3. 让学生谈谈这节课的收获，并与家长在课后分享四季的色彩。

师：同学们的感受是深刻的，那通过本课的学习，同学们有什么收获呢？

学生从四季色彩的变化，作品的表现形式，欣赏的方法，短文感悟等角度，畅谈学习的收获。

师：课后同学们要把这些来之不易的收获与家长们分享，与家长一起再次去体验四季色彩带来的快乐，并逐步学会用艺术的眼光和美术的语言来观察、表达艺术作品和大自然带给我们的感受。

设计意图：通过说、写、听、猜等环节的游戏活动，让学生把对四季色彩与绘画作品的感悟用文字流利地表达出来，并通过猜一猜的方式，使学生的认知与感悟得到了升华，促进了学生欣赏评述水平的不断提高。

板书设计

春季：→嫩绿的、万物复苏的……→蓝色、绿色

↓

夏季：→绿色的、充满生命力的……→绿色

↓

秋季：→金黄的、令人欣赏的……→红色、橙色、黄色

↓

冬季：→银白的、蕴含生机……→棕色、土色、黄色、绿色

教学反思：

本课是一节欣赏课，通过欣赏、分析艺术作品，认识到不同季节的色彩变化，及不同色彩给人带来的不同感受。在教学过程中运用了各种教学手段，如为了让学生充分感受到四季的美，先是进行大量的图片欣赏，让学生判断图片呈现的是哪个季节，让学生感受到一年四季色彩的不同美感；然后用优美的语言描述作品，描述心情。

在欣赏中，同学们在比较不同季节色彩变化的基础上，同时可以认识到日本画、中国画的表现形式特征。正如《美术课程标准》中指出的：“欣赏各种美术作品的形、色与质感，用口头或书面语言对欣赏对象进行描述，说出其特色，表达自己的感受。”学生在这节欣赏课中，不仅仅对画面进行了描述，而且加入了评述者的主观感受。例如：“列维坦笔下的白桦林幽深、明

亮，绿色充满了画面，生机勃勃。细碎的笔触好像树叶和青草在夏风中欢笑。”这节课实际是给学生欣赏、评述艺术作品做了个示范。课前填写的问题卡片和上课之初对不同季节的感受，上课教师介绍的绘画知识，与学生的理解认识相结合对艺术作品进行欣赏评述。课后学生可以按本课作业提升谈谈自己喜爱的一幅作品。

根据“欣赏自然与各种美术作品的形、色与质感，用口头或书面语言对欣赏对象进行描述，说出其特色，表达自己的感受”这一基本理念与导向，笔者在学生已有的色彩感知、生活经验的基础上，设计了许多富有情趣的教学活动，让学生在看一看、猜一猜的图片搜集展示中了解不同的季节，感受四季色彩的变化，表达对不同季节的感受，同时通过对四幅美术作品的用色及表现形式的探究与交流，让学生大胆发表对色彩的不同感受，在激烈的互动评说中，体验不同色彩所带来的快乐，并让学生在想一想、写一写的短文自由表达中总结感悟，形成认识，从而使色彩知识的欣赏得到自主建构与升华。每个学生脸上也洋溢着快乐与欢笑，词也美了，句也丰富了，心情也开朗了，气氛也和谐了……表现四季的色彩十分丰富，学生形容季节的词语也特别丰富：春季是希望的季节，是生机勃勃的季节，是细雨蒙蒙的季节，是色彩斑斓的季节，是春意融融的季节，是万物复苏的季节，是五颜六色的季节，是阳光明媚的季节，是嫩绿的季节，是花开的季节，是孩子们的季节……多美呀，多开心呀，多快乐呀，多令人兴奋和激动呀……师生均被这一切美好的事物感染了，孩子们的才思如同泉水一般喷涌而出，学习的情绪高涨。

三、智趣相融　把握规律　美化生活——《点、线、面》教学设计与反思

教材分析：

本课是人教版教材二年级下册第3课的教学内容，是“造型・表现”与“设计・应用”领域的课例，教材突显趣味性与游戏化。目的是让学生通过观察生活中的点、线、面的变化，总结概括点、线、面的组合变化规律，感受用点、线、面装饰画面与创作美化生活所带来的乐趣，让学生在主动参与、自主探索的创意实践中收获成功与快乐。

学情分析：

二年级的学生对于美术课的兴趣浓厚，具有较强的表现欲和动手能力，对审美有了一定的认知，对点、线、面有了初步的认识，能用点、线、面进行简单的创作，但对抽象美和形式美及绘画语言的理解还不够深。所以，还是要特别注重在教学中“寓教于乐”，通过手指操等游戏，提出不同的点、线、面排列的问题，引导学生观察生活的不同点、线、面的组合变化所产生的美感，掌握点、线、面的变化规律，体验造型与设计活动所带来的乐趣。

教学目标：

1. 认知目标：认识理解生活中的点、线、面。

2. 能力目标：能用点、线、面的变化规律装饰画面。

3. 情感目标：感受用点、线、面的变化装饰画面所带来的乐趣。

教学重点：掌握点、线、面的变化规律。

教学难点：能用点、线、面的变化规律装饰画面。

教学过程：

一、乐趣认知——激趣，感知美

用生活美的元素之一的色彩引入，通过点、线、面的手指操游戏，观察发现点、线、面，激趣导入新课。

（出示多媒体课件，由点、线、面的演变动画图，引导学生做手指操游戏）

生举起手指临空做点、线、面的手指操游戏。

设计意图：通过手指操的游戏，结合生活图例，让学生在动手、动脑中激起学习的热情，为新授课做铺垫。

二、乐趣探究——启趣，发现美

1. 观察点、线、面，在观察中比较，体验点、线、面的不同。

师：点是怎样的，线是怎样的，面又是怎样的?

生：点很小，线很长，面比较大。

2. 学生通过学习卡，对生活中点、线、面的变化进行探究，总结点、线、面的变化规律。

师：请拿出任务单，看生活中的点、线、面的图。（多媒体出示学习任务单）

师：生活中点、线、面各有什么不同？它们有什么变化？排列有什么规律？

生观察、互动探究生活中不同的点、线、面。

（1）点的学习。

师出示不同的点。

师：点有什么变化？

生：大小变化、虚实变化。

师：点的排列有什么规律？

生：节奏美的规律。

（2）线的学习。

师出示不同的线。

师：线有什么变化？

生：动静变化、长短变化、粗细变化。

师：线的排列有什么规律？

生：节奏美的规律。

（3）面的学习。

师出示不同的面。

师：面有什么变化？

生：大小变化、重叠变化、虚实变化。

师：面的排列有什么规律？

生：节奏美的规律。

3. 对点、线、面的变化进行小结。

师：根据以上观察、探究，发现点、线、面各有什么变化？

生：点有大小、虚实的变化。

生：线有动静、长短、粗细的变化。

生：面有大小、虚实、重叠的变化。

师小结：他们的排列都有“节奏美”的规律。

设计意图：通过观察生活中不同的点、不同的线、不同的面的变化规律，有序掌握点、线、面的变化规律的节奏美感，为创作设计做准备。

三、乐趣体验——引趣，欣赏美

1. 看微课，明确点、线、面装饰画面的方法。

（播放微课以点、线、面装饰“鱼”）

师：观察鱼的外形与装饰点、线、面的变化。

生：鱼的外形夸张、变形、简化、概括。

师：点呢?

生：活泼的点。

师：你觉得要用什么样的点、线、面装饰画面?

生：用活泼的点、洒脱的线、稳重的面来装饰美化画面。

2. 添加变化，创造美。

师：在不同的形体上添加变成不同的鱼，用点、线、面的变化规律进行装饰。

（多媒体出示创作要求）

运用点、线、面的变化规律装饰画面——鱼 创作方法：（1）添加变形（2）选择点、线、面（3）排列变化装饰

生按要求进行创作，氛围轻松有趣。

设计意图：通过微课进一步让学生明确用点、线、面装饰美化画面的方法，让学生明确活泼的点、洒脱的线、稳重的面的美的感受，注重用夸张、变形、简化、概括的方法进行创作，培养想象力、美术表现力、创意实践能力。

四、乐趣评价——展趣，升华美

1. 学生根据“课堂评价量规表”对创作作品进行评价。

师：结合画面，用点、线、面的变化规律说一句完整的话进行评价。

$生_1$：我用点的大大小小的节奏美规律设计了一块毛巾。

$生_2$：我用线的长长短短的节奏美规律制作了一个杯子。

$生_3$：我用面的重叠大大小小的节奏美规律设计了一个靠垫。

师：同学们真是一个个小小的设计师，真有想法。

2. 考一考。（多媒体出示以下试题）

请根据题中的问题，从A、B、C中选择正确的答案。

（1）以下三张图片中，点有大小变化的是（   ）。

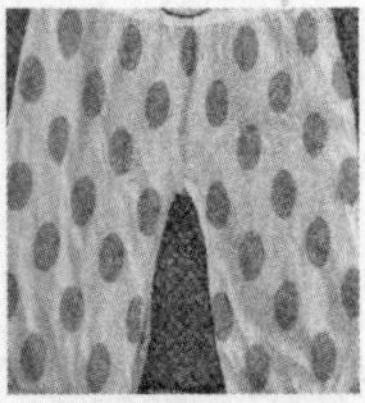

A

B

C

（2）下面三张图片中，线有长短变化的是（　　）。

A

B

C

（3）以下三张图片中，面有重叠变化的是（　　）。

A

B

C

（4）下面这张图片富有（　　）感。

A. 和谐　　B. 放松　　C. 节奏

生根据所学知识进行选择作答。

3. 延伸拓展。

讲解点、线、面的生活之美，把用点、线、面的变化装饰生活的美感带回家，与家长一起继续欣赏生活中的美。

设计意图：让学生用点、线、面的变化规律用美术的语言说一句完整的话，点滴培养学生的评价能力，并在当堂检测中反馈学生学习情况，通过互赏、互评，让学生在乐趣中真正掌握美的规律。

教学反思：

本课是福建省名师培养对象教学主张“乐趣美术”的实践课，以建构主义、实用主义、愉快教育理论为指导，以培养学生核心素养为出发点，架构“乐趣美术”课堂“三环五步”教学模式“乐趣认知——乐趣探究——乐趣体验——乐趣创作——乐趣评价”。

1. 本课是立足“乐趣美术”的实践研究，运用生活美术的基本原理，着力培养学生美术核心素养，紧紧把握美术学科视觉表现中点、线、面在生活中的独特运用，引导学生快乐学习。

导入环节，通过点、线、面的手指操游戏创设问题情境，导入新课。新授环节，通过对系列图形的观察感知点的大小、虚实，线的动静、长短、粗细，面的大小、虚实、重叠的变化，引导孩子总结其“节奏美”的规律。体验环节，通过看微课，让学生进一步明确点、线、面装饰画面的方法。示范环节，通过动手示范和分解，让孩子们掌握用点、线、面装饰画面的规律。实践环节，引导学生能用点、线、面的变化规律装饰画面，乐趣表现，创意无限。评价环节，根据“课堂评价量规表”对创作作品进行评价，并能引导学生结合画面，用点、线、面的变化规律说一句完整的话进行评价，把美带回家！

2. 本课通过“激趣、启趣、导趣、引趣、展趣”，让学生感知点、线、面的外形美，发现点、线、面变化的规律美，欣赏点、线、面装饰画面之美，通过点、线、面创造画面之美，通过点、线、面拓展评价升华美。让学生在问题情境创设、做中学、协作会话中总结点、线、面的变化规律，体验“乐趣美术”乐于方法，趣于情境的真谛！收到很好的效果，值得借鉴与推广！

3. 本课注重美术核心素养“图像识读、美术表现、审美判断、创意实践”四个方面的有效落实。

（1）由简入繁的生活图像信息，引导学生赏析图像中点、线、面的变化规律、对比、大小、虚实等，从引入教学到新授知识一脉相承，很好地突出教学重点并突破教学难点。最后知识巩固，还是利用图像识读引导学生进一步巩固新知，保障知识存档长时。为了充分巩固学生的视觉感官的美感体验，教师辅以任务驱动的问题情境，让学生用美术语言来表达自我审美情感与态度，学生在不知不觉中掌握了本课的重点知识。

（2）通过情境创设，层层递进。从音乐中寻找表现点、线、面的节奏美，用乐曲的节奏美让学生体验音乐与美术这对姐妹艺术共通美的魅力。注重造型表现与创新力的激发引导，通过添加变形，用点、线、面创作出不同的鱼及纹样，让学生在乐趣情境实践中创意无限。

总之，本节课以生为本，教学得当，层次分明，设计精巧，注重“乐趣情境”的创设，体现“乐趣美术”有法可学的快乐学习情境，很好地让学生掌握点、线、面的相关知识，易学易掌握，有着较强的示范性和推广性。

第三节　教学案例与分析

一、利用智慧　捕捉资源　体验快乐——《我的农家美术课》教学案例与评析

背景介绍：

为了确保美术课改在农村学校的成功实施，南平市开展了“艺教下乡”结对子课题活动，组织省、地、市级的学科带头人及骨干教师十余人，利用课余时间到农村学校开展无偿支教，带去课改前沿信息，及时转变他们的教学行为，促进农村美术课改落到实处。笔者作为福建省小学美术学科带头人也有幸参加了这项有意义的活动，在为期近一年的“艺教下乡”活动中，搜集了许多感人的案例，其中边远山区高秀贞老师撰写的教学案例《我的农家美术课》一文，着实让我们感动。作者高秀贞老师用质朴的语言，道出了在农村课改教学中的点滴感悟，利用她的教育机智，巧用身边资源，让农村的孩子们也体验到美术课堂的乐趣，这无疑是促进农村课改扎实开展的范例。

下面，笔者将列举的三个教学案例加以浅析，与大家一起分享，相信对我们农村美术教师的教学会有所启发。

案例描述：

案例一　大白菜与白萝卜

那是一节线描课，要求学生能用线条生动地描绘物象。刚上课几分钟，高老师发现底下有做作业的、有看课外书的、有埋头凑在一起说笑的，真正在听课的人很少。高老师灵机一动，对学生说："老师在黑板上画个东西，大家猜猜看它是什么？"很简单的线描：一棵白菜和一个大萝卜，不同的是高老师把萝卜的叶子画成白菜的叶子，把白菜的叶子画成萝卜的叶子。刚转身就有学生叫道："白菜、萝卜，白菜、萝卜……"过了一会儿，同学们七嘴八舌之声响起："不对，不怎么像……""哪里不像啊？"高老师装作不明白的样子问道。话音才落，辩声四起："叶子不对，萝卜的叶子不是这样的……"课堂一下子热闹起来。呵呵，是啊，这些都是农村孩子很熟悉的蔬菜，怎么能逃过他们的法眼呢？白菜、萝卜的叶子究竟差别在哪里呢？学生虽然能一眼看出什么是白菜叶什么是萝卜叶，可除了外形的差别外，同学们也一时说不清楚白菜叶和萝卜叶的特点。高老师看到学生们那热切的眼光望着自己，马上乘势提出了美术学科观察的重要性，然后带领学生走到学校食堂旁的菜园边现场画真正的白菜与萝卜。同学们的积极性很高，观察得很仔细，画得很认真。课后，看到学生交上来的作业，高老师很满意，达到了教学目的。

评析：

课堂教学是一个复杂的人与人交往的系统，它充满变化和问题。任凭事先如何周密设计，教师总会碰到许多新的"非预期性"的教学问题，教师若是对这些问题束手无策或处理不当，课堂教学就会陷入困境或僵局，甚至还会导致师生产生冲突。富有教育智慧的教师面对偶然性问题和意外的情况，总能灵感闪现，奇思妙策在瞬间激活，机动灵活地实施临场应变，达到良好的教学效果。在教学中，高老师正是凭"灵机一动"的随机应变能力，使课堂上学生散乱的注意力一下集中到黑板上，让学生为"大白菜"和"萝卜"的"叶子"争论不休，使原本"杂乱"的课堂一下活跃了起来。这时，教师依据学生的好奇心理，抓住学生兴趣的激情点，以趣激情，以趣生情，巧设悬念，使学生在似懂非懂的情景中产生了强烈的求知欲，让学生带着"白菜叶”和“萝卜叶”的模糊问题，到学校食堂旁的菜园边画真的白菜与萝卜，使模糊的对象具体化，创设了良好的教学氛围，让学生体验了学习的快乐，使教学目标得以实现。因此，作为农村美术教师必须锻炼自己的教育智慧和机智。教学中，如果没有那灵机一动的智慧，高老师也许会抱怨学生对美术的不屑一顾，更不可能有后来的学生们的积极参与。这种参与的兴趣，必须从分析学生们的实际情况入手，寻找新授知识在学生头脑中的“相结合”的接洽处，便会使教学达到事半功倍的效果。

案例二　我与学生一起“玩泥巴”

案例描述：

六年级有一节用橡皮泥塑造小泥人的课。高老师在课前叫大家准备下节课所要带的工具的时候，学生们一翻到课文就大叫：“老师，我们没有钱买橡皮泥……”考虑到农村学生的情况，高老师提议：“小时候我们都玩过泥巴捏东西，那我们都用泥巴来做，怎么样？也很有趣的。”农村的学生对这个还是很热情的，一致通过。到了正式上课的时候，很高兴地看到学生的课桌上都放着用塑料袋装着的大包的泥巴。于是，高老师带着大家到了学校的小竹林里开始动手制作，既不会弄脏教室又可以让学生自由发挥。学生们两三个一组、三四个一伙各自占地为营，热火朝天地做开了，不时有“侦察兵”在各小组中窜动侦察别组的情况。高老师也乐在其中，和学生们大玩泥巴。在捏泥巴的过程中，同学们相互帮助，合作得很愉快。高老师也将发现的一些共性的问题及时与学生交流，对个别有困难的学生给予个别辅导。这节课上得既快乐又很有收获。高老师把学生的泥塑作品放在橱窗中展出，那里就成了学生和家长最爱停留的地方，成了学校里又一道亮丽的风景线。

评析：

在课改的实施过程中，教师要用好教材，但更重要的是活用教材，在领会教材根本的设计意图的基础上，教师应根据实际开发本土的教学资源，创造性地拓展教学内容。特别是农村学校，有些材料花费大，学生负担不起，教师更应灵活处理，根据本地情况就地取材，创设良好的创作情境，让学生用适合的方法进行创作，也能收到很好的教学效果。在教学中，教材要求用橡皮泥塑造小泥人，高老师考虑到农村学生没有钱买橡皮泥的情况，根据身边现有的资源，改为用泥巴来制作。因为农村孩子从小就玩过泥巴，既热情又有兴趣，学生能全身心地投入创作中，营造了一个轻松愉快的氛围。抛弃了老师讲台上说，学生下面做的传统模式，让学生在“玩泥巴”中自由奔放、新颖地想象。在这样无拘无束的氛围中自由呼吸，引发学生的创作灵感，进而达到玩中学、学中体验成功快乐的美育目标，这正是活用教材、巧用资源的体现。同样，有的课题不适合于本地教学，教师则可以根据本地情况自由开发教学资源，上富有地方特色的课。

案例三　衣服与色彩三要素

案例描述：

在学习“生活中的色彩搭配”的时候，高老师几乎陷入绝境，没有相关的图片资料，没有多媒体设备，怎样才能让学生理解什么是“色彩的三要素——色相、明度、纯度”？忽然，高老师看到了操场上的学生，着装色彩缤纷花枝招展，这不是现成的材料吗？于是，说到色相时，高老师请个同学站起来，问大家：“她穿什么颜色的衣服啊？”学生说：“红色。”高老师说：“对，这个红色就是红这个色彩本身的相貌，这个就是我们说的色相。”说到纯度的时候，故意请一个穿柠檬黄的和一个穿土黄的同学上台，让大家直观感受哪种颜色更鲜艳。明度就更好讲解了。在学生明白了这三个概念后，有意识地挑选一些同学上台随意站好，然后请其他的同学上台按照明度、纯度高低让台上的学生重新排列。下面的学生个个争着上来对他们重新排队。在玩中学的过程中，学生不仅积极性很高，心情愉悦，而且很快掌握了新的知识点。

评析：

生活是知识的源泉，丰富多彩的生活世界是教材内容取之不尽、用之不竭的源泉，一切艺术来源于生活，又反映生活。孩子们通过接触社会，关心周围的人和事，不断积累感性经验，把这些捕捉到的信息进行储存，就可以成为创作的素材，从而更好地用美术的手段反映和描绘自己的生活。因此，只有根植于生活世界，并为生活世界服务的课堂才是具有强烈生命力的课堂。在教学中，教师巧用生活资源，利用生活中学生衣服的色彩，进行“色彩三要素”的教学，让学生通过对衣服的颜色进行辨认来认识色相，让学生上台对色彩进行明度、纯度排列的游戏，激发了学生的学习兴趣。学生在玩中愉快地掌握了色彩知识，了解了美术在生活中的实用价值，教师发挥了作为学生的“引导者”的作用，树立了学生学习美术的信心。可见，在教学实践中，教师要根据学生年纪小，对外界事物的观察、体验处于表面化的特点，引导学生走进生活，融入生活，学会观察生活的各种变化，发现素材，积累素材，引发学生对生活的各种思考，充分调动自身潜能，用自己的真情实感去寻找、体验生活中的美，让他们看到生活的美丽，品尝生活的快乐。

农村学校虽说没有先进的多媒体设备，没有丰富的图片资源，没有良好的美术氛围，但它山清水秀，环境优美，有许多天然的美术教学素材。教师要在活用教材的基础上，利用智慧，捕捉资源，发挥农村得天独厚的优势，改变过去“教师在黑板上画，学生在纸上仿”的单一美术课堂教学模式，开展形式多样化、内容丰富、结合实际、灵活多变的课堂教学，让学生认识到美术的乐趣与意义，体验其中的快乐，促其想学、乐学，有创造性地学，确保农村美术课改教学的成功实施。

二、激励评价　互动交流　乐趣分享——《节奏的美感》教学案例与评析

问题由来：

课堂教学中教师与学生、学生与学生的激励评价是学生美术学习过程中不可或缺的成长阶梯，对美术课程的价值实现、目标达成都是极为重要的。事实上，通过教师的激励评价与引导，让“学生早一点学会评价自己的作品，就能早些体会到艺术所带来的自我满足感”，这种满足感给予学生的不仅仅是一时的心情愉悦，还有对自我信心的树立，对艺术的兴趣和强烈而持久的学习动机的培养都是至关重要的。因此，“激励评价，真诚表达”就成了本课笔者思考的问题。教学中笔者一改长久以来美术教学只重视技能训练，知识传授，而忽视学生心灵感悟、情感体验的生成和发展的误区，让学生在多种感官参与体验中进行表扬激励，互动评说，真诚表达，感悟分享，体验快乐，让学生在能学、会学、学会、学好的乐趣学习过程中个性得到张扬，是一个值得分享的案例。

案例描述：

在上《节奏的美感》一课时，教师在上课伊始，先以打$\frac{1}{2}$、$\frac{1}{4}$、$\frac{1}{8}$音乐

节拍的方式，让学生感受节拍的美感，对引领节拍的同学给予表扬。同时，出示问题："音乐因为什么才有美感？"同学们都争着说："有节拍或节奏。"这时教师给予鼓励："你们有一对精灵的耳朵、一双明亮的眼睛和一双灵巧的双手，老师向你们学习。"这一评价激励，调动了学生想学的内在动力。接着，教师又问："在生活中你能发现有节奏的物体吗？"学生说："树木的高矮有致有节奏：高矮高矮……""露珠的大小有节奏：大大小小……""花朵的大小有节奏：大小大小……"此时，教师评价激励："同学们平时真会观察生活，这点滴的节奏美感都被你们发现了。其实呀，美就在生活中，美就在身边。"这样的互动评价，促进了学生的真诚表达，再次激起他们能学、想学的学习热情。接下来，教师与学生一起共同研究美术中不同的点、线、面的大小变化所产生的美感，如大大大小小小、长短短长短短、点线点线等不同的节奏及节奏的表现。学生们学得有法，掌握规律，教师适时表扬，激励评价，把课堂教学推向高潮。此时，教师让学生根据节奏的不同美感规律选择图形与物体进行排列创作。因为有激情评价，学生们满怀激情，因为掌握节奏美感方法，学生们创作稳步有序，富有创意，乐在其中。在最后作品展示互评及测评中，同学们用习得的节奏美的大小、长短、粗细等的排列规律进行评价，体验学习的成功与愉悦。

评析：

评价本身就是完整的学习过程中不可或缺的组成部分，激励评价与互动评价及学会评价能使学生根据自己的实际情况，将美术活动完成得更好，从而增强学习的主动性，保证学习质量，提高美术学习能力，真正促进其在原有水平上的发展。包括学生自我评价在内的多维评价，要以形成性评价来补充终结性评价，将单项评价发展为综合评价，让学生反思学习的过程对学生的发展更具有实际的意义。

本课教学中教师注重过程性的适时评价。在评价中着重于创新、创意方面的评价，同时对"感受节奏、节奏的运用和表现、表现节奏、交流感受"四个环节进行激励评价。此过程中的"节奏听辨""寻找图形节奏规律"的激励评价能调动学生学习的积极性，鼓励能力强的学生主动帮助能力弱的学生，让学生在掌握图形的节奏变化与互评中体验快乐。

此外，教师能很好地运用激励评价调动学生对自己和别人的作品进行赏析。对教学中节奏变化的规律进行评价，这种做法对不少教师而言已是平常事，但似乎挖掘得不够深。所以，要鼓励学生描述表达自己的作品，让学生学会从自己作品中寻找优点，学会欣赏自己，建立自信，从而提高学生学习的积极性和主动性。同时，教师注重同伴间作品的评价，特别是对当堂节奏的美感检测的评价中，让学生在互动的反馈交流中，用规范的美术语言，表达自己的见解，既能让学生的表达能力得到了锻炼，又使学生的欣赏水平得到提高，促进了学生想象力及表达创造力的发展，让学生在多种感官参与中获得艺术评价的经验，掌握学习的规律，提升审美情趣，享受学习的快乐。可见，激励评价、真诚表达对营造良好的课堂氛围，落实美术学科核心素养意义巨大，值得推广与学习。

三、对比赏析　品味内涵　创意表达——《漂亮的建筑》教学案例与评析

问题背景：

在“乐趣美术”课题实施调研中，在地方文化资源开发与利用层面，教师们还不是很清晰，有的老师把整堂课上成地方文化资源开发课，没有把地方文化资源开发作为美术教材的有益补充，扩大学生知识面，提高学生学习兴趣为主旨理解好、实施好。通过学生亲手搜集图片与资料，展示交流，目的是让学生有亲近生活之感，起到了辅助课堂教学的作用，同时也能培养学生热爱家乡、热爱祖国的情感。然而在展示交流的时候，教师说得多，学生体验感受说得少，忽视了学生的主体作用，缺少学的引导。教师们在预设与生成上鼓励学生求异思维的方式与问题交流不够。而在“乐趣美术”课堂构建研究过程中，陈老师能在《漂亮的建筑》一课中把好的地方文化资源补充融入教材，“做中学”“做中教”值得提倡。本课让学生多说感受体会，在做中总结规律，在做中感受文化的内涵，适时鼓励求异创新，既学习了课本知识，又受到地方文化熏陶，是一个很好的案例。

案例描述：

这是一节“造型表现”学习领域的课例，目的在于培养学生绘画制作与想象力，通过地方文化的融入，培养学生热爱家乡的情感。教学中陈老师先

以一组建筑图片吸引学生的眼球，激发学生学习兴趣，引领学生说一说自己见过的漂亮的房子是什么样的。在学生饶有兴趣的基础上，陈老师以教材中的古今建筑“故宫”“高楼大厦”“乡村民居”引领学生从线条、形状、色彩、装饰、内涵故事等进行讲解。有的同学说，“故宫”以红、黄色调为主，代表了古时的皇权，给人以庄重感，而“高楼大厦”蓝、白、灰相间，线条或平行或相交，给人以活泼感。有的同学说，“乡村民居”古朴典雅，装饰线条曲折相交有致，简洁大方，上面雕刻的图案“牡丹”有富贵吉祥之意，是徽派建筑等等。为了让教学更贴近学生的生活，更有亲近感，陈老师以建瓯的“鼓楼”与东游“党城古民居”融入课堂进行教学，通过学生自己搜集讲解与北京的“故宫”进行对比，发现色彩、线条、造型等都有很多相似的地方，明白“鼓楼”是闽国国都的所在地，距今已有1800多年的历史，在千年历史风雨的洗刷中留存至今，让学生们为自己家乡的辉煌历史而感到骄傲。而东游“党城古民居”与“乡村民居”中的民居不同，它更小巧玲珑，雕刻更精细，上面的装饰图案有“福禄双全”“花开富贵”等寓意，有的同学还对建筑的形状进行搜集后交流，建筑的内外形状多以三角形、四边形、半圆形、圆形为主。在学生对各类建筑的形状、线条、色彩、背景、内涵等都了解以后，教师则引导学生把古今的建筑融为一体，绘画、制作、设计出与众不同的属于自己的富有个性特点的漂亮建筑。在教师的点拨下，各小组的同学在组长的带领下，有的以不同的纸材用剪、撕、贴的方法制作现代的建筑，并把古时富有寓意的图案剪好粘贴在建筑上，制作出一件古今合璧的漂亮建筑；有的则以绘画、版画的方式设计出仿古的建筑，并把现代建筑的线、形、色等元素融入其中，让仿古建筑流露出现代气息。各小组的同学与老师一道在“做中学”“做中教”的互帮互学实践中搜集与探究制作设计，呈现了许多融合古今建筑元素的富有个性创意的作品，达到了地方文化资源补充美术教学，拓宽学生学习知识面，以学为主，以学定教，激励求异，在乐趣学习中收获成功的目的。

评析：

本教学案例，体现了陶行知先生的“行是知之始，知是行之成”的“教、学、做”合一的教学实践理念。在教学中，教师始终以探究发现的学习方式，让学生在“做中学”“玩中学”的地方文化资源的搜集与融入中，欣赏美、发现美、创造美，使学生在乐趣的活动中轻松地掌握了知识。

首先，教师以欣赏图片激趣，培养读图审美能力的方式，让学生欣赏不同风格的建筑图片，通过对比了解建筑的形状、线条、色彩、装饰等有关知识，体验美术作品与生活的联系，激起学生学习的兴趣。而在随后的家乡建筑的融入拓展中，学生们纷纷拿出自己搜集的资料、照片等畅谈家乡建筑的形状、色彩 、特点等，既培养了学生搜集素材、读图审美能力，也激发了学生热爱家乡的情感，进一步调动了学生的学习热情。

接着，通过融入地方文化，激发求异思维的方式，陈老师在赏析祖国各地宏伟的建筑时巧妙地融入了家乡的建筑，并让学生拿出自己搜集的家乡建筑的图片资料，介绍家乡建筑的年代、历史背景、文化内涵，让孩子们为家乡有悠久历史、风格各异的建筑而感到自豪，使学生的学习热情得到激发。在学生兴致勃勃之余，陈老师引导学生把古今建筑元素融为一体，进行创作，看谁的创意想法与众不同。在陈老师的启发下，同学们各抒己见，有的说要建很高的房子，有的说要把不同风格的建在同一座房子上等等，想象丰富，把课堂教学的氛围推向了高潮。此时，陈老师以分组竞赛的方式，一组用不同纸材进行创作，选择适合的颜色，剪出建筑各部分的基本形，摆一摆、看一看，添加环境，组织画面；另一组以富有地方特色的绘画版画进行创作，大胆、自由地把所见所闻、所感所想的事物表现出来。这个环节进一步把地方文化融入了教学中，使教学得以优化，求异思维得到激发，也使创作中出现许多富有新意的地方特色的建筑作品。

最后，陈老师以“体验创意乐趣，自由想象表达”的方式，根据学生的年龄特点，在教学中体现“乐中学”的理念。创设乐趣情境，引导学生对自己身边建筑的观察，利用多种材料创作富有创意、充满个性情趣的画面，体验造型活动的乐趣，让学生在探究式的学习中，掌握知识，实现教学目标。同时，引导学生欣赏不同的建筑图片，并让学生对搜集的家乡建筑资料进行互动交流，通过大量的图片、资料的对比，活跃了课堂气氛，也激活了学生的思维，学生们畅谈着建筑的造型、色彩、图案的内涵等，自由想象，表达着对漂亮建筑的创作的不同想法，创意有趣。

整节课，教师始终贯穿着赏识教育，信任、尊重、理解、激励、宽容，营造了宽松和谐的环境，使学生在自由想象的空间创造具有自主个性的作品，体验“乐趣美术”乐中学、趣中品的成功与快乐。

第四章　创意探索

第一节　选材创意

一、渗透本土文化进行教学

本土文化资源贴近学生生活，学生有亲近感，易激起学生学习兴趣，为“乐趣美术”教学提供了广阔的教育空间。因此，在教学实践中，笔者积极为学生创设良好的学习环境，让学生在考察、参观本土文化的过程中确立感兴趣的创作主题，并通过思考、讨论、对话等方法拓宽学生创作思维，让学生对创作主题尽情想象，创意构思，张扬个性。学生在创作家乡的文化中增强了自信心和自豪感，同时在本土文化的熏陶中受到传统文化艺术教育。

例如，人美版美术教材第8册的《精彩的戏曲》一课，笔者根据地方特色让学生在家长的帮助下对“邵武三角戏”的背景与内涵进行搜集，并在课堂中交流分享。有的学生说，邵武三角戏为福建省非物质文化遗产，取材于劳动人民的日常生活，语言风趣，大多是喜剧、闹剧，让人看后宽松舒畅。三角戏已有二三百年的历史，主要有生、旦、丑三个角色，在邵武民间又称“三角班”。20世纪80年代后其角色扩展为生、旦、净、末、丑，生有勾脸的和素脸红生，较洁净俊美，有名的曲目有《凤凰山》《磨豆腐》等。有的学生说，邵武三角戏的服饰简单，主要有红、蓝、绿等农民画的亮丽的色彩，朴实、大方。有的同学说，三角戏唱腔优美，每个角色的动作都夸张有趣，可以根据故事情节进行彩笔绘画或剪纸创作。在互动交流中，学生们了解到中国戏曲不仅有经典高雅的京剧、越剧、黄梅戏等，也有接地气的反映人民大众生活的三角戏、采茶戏、莆仙戏等，感悟到中国戏曲的博大精深。接着，在教师的参与下，学生们从三角戏各角色的脸谱、服饰、故事情节等进行选材创意的个性化创作，有“多彩戏服”“可爱的脸”等。这样的调查、探究、交流、创作过程生动有趣，学生乐在其中，是“乐趣美术”内涵的体现。学生在本土文化的博大感召力中，学有所获，印象深刻。

民间艺术是一个内容丰富的文化课堂，乡土文化让人目不暇接，美术课教学可以把课堂扩大到教室之外，带领学生走出课堂、走向社会，融入大自然，将教材知识与实践相结合，会更加有效地增强学生的审美感知能力。让学生从大自然中汲取营养，选择有生活灵感的创意主题，这样才能更好地激发学生的创造灵感，促使他们创造出优秀的作品。

例如，人美版美术第11册《家乡的艺术》一课的教学。建阳水吉学校的林老师在开发民间艺术文化资源渗透融入美术教学时，以闻名遐迩的“建窨建盏”作为教学研究对象，在家长的配合下开展研学活动，提出研学问题：建窨建盏产生于什么年代？建盏的制作工序怎样？建盏的颜色是怎样的？建盏按纹理可分几类？建盏的外观造型是怎样的？经过同学们的研学发现：建窨为中国宋代八大名窨之一，因窨址位于福建建州而得名。可见，建盏产生于宋代，以黑釉茶盏而著称于世，建盏烧制技艺要经过选瓷矿、瓷矿粉碎、淘洗、配料、陈腐、练泥、揉泥、拉坯、修坯、素烧、上釉、装窨、焙烧等13道工序。其色彩为黑釉色。建盏依据釉面纹理不同，可分为乌金、兔毫、油滴、鹧鸪斑、曜变和杂色六大类。建盏外形口大底小，形如漏斗，多为浅圈足，足根多见修刀，其造型古朴浑厚，手感压沉，从形态上可分为敞口、撇口、敛口和束口四类，采用推拉、收放等手工拉坯成型。在研学之后的课堂教学交流中，学生们被“国家级非物质文化遗产——建盏”呈现的艺术魅力所征服，为闽北家乡有这样的艺术品而自豪。大家兴致勃勃地用不同材质的橡皮泥，创意制作了许多不同造型纹理的建盏作品。这样的“乐趣美术”教学方式，学生学有所得，乐在其中。

又如，在古民居的教学中，邵武的肖素菁老师开发出参访廖氏大夫第的研学活动。研学过程中学生们发现在廖氏大夫第的厢房窗格下，刻有木浮雕的“二十四孝故事”。经采访了解，其是根据元代郭居敬辑录的古代二十四个孝子的故事雕刻的，反映了儒家理论思想，是这个家族对子孙后代的一个教导，是千百年来中国社会维系家庭关系的道德标准，是中华民族的传统美德。学生通过欣赏评述，体验木浮雕的艺术美，感知木浮雕所传达出的历史文化价值以及所体现的民族文化精神。还有“木雕花窗”中的牡丹、莲花、大丽花代表高贵吉祥，以及花卉在不同的环境下的不同寓意，古民居建筑构件、装饰手法所传达出的文化内涵，体现了古代劳动人民的智慧。生生不息的民族精神启迪了孩子的智慧，陶冶了孩子的情操，润泽了孩子的成长。可见，没有用心去观察生活感知美，就难以发现美，即使有很好的素材出现在眼前，也会视而不见。经过引导，学生渐渐养成了观察的好习惯，大家经常在一起交流生活中的所见所闻，为“乐趣美术”教学的选材创意积累了丰富的素材。

二、融入生活素材进行教学

在“乐趣美术”欣赏与写生教学中，可以把学生带到生活与大自然中，让他们亲身体会生活中的艺术的精致与内涵，感受艺术内在的意义。这样既开阔了学生的视野，又陶冶了学生的情操，体验生活即艺术、艺术即生活的乐趣。在认识生活与自然之美的过程中，热爱家乡、热爱祖国的情感便会油然而生，学生把这种情感描进他们的绘画中，身心受益、教育深刻。

例如：人美版美术教材第 6 册《卵石动物造型》一课，蔡老师利用农村卵石随处可见的良好资源，引导学生在搜集中通过触摸感受卵石的特征、形态、质感，选择心中造型富有创意的卵石进行创作。课堂教学中，同学们根据自己选择的卵石造型，饶有兴致地进行动物设计的互动交流。同时，教师加以引领：设计时要随石料本身的形状，合理巧妙地安排动物画面；先用铅笔随形勾画，动物图案构图要简洁布满石面；其次，用黑色记号笔勾线，线条要细而匀；然后用稍厚一些的水粉颜料依次填染，色彩要浓重、鲜艳；最后，待颜色稍干，再用黑色记号笔勾边；干后涂上清漆。这样，一个闪闪发亮的卵石动物造型就完成了。在师生的共同努力下，同学们发挥童真童趣的想象创意，创作出许多特点鲜明的卵石动物，有鱼娃、吉祥熊、猫头鹰等造型。如此富有情趣的选材创作，让农村孩子也真正体验到美术创作的成功与乐趣，这是“乐趣美术”教学的初衷所在。

美在生活中无处不在，如何引导学生观察、发现生活中的美，是体现美术学科的视觉学科属性，也是教学能否生动有趣、有效的关键。因此，教师要结合教材内容与特点，用美术的眼光，美术的语言，审美的视角，引导学生观察生活中美的点滴，捕捉生活中最美、最有活力的素材，拓宽学生美术生活视野，调动学生创作激情，为创作做铺垫。

例如，人教版二年级下册《叶子上的小血管》一课的教学。课前，笔者先让学生观察生活中的不同形状的叶子，触摸感受不同叶子的质感，进而引导学生观察不同叶子的形状、叶脉、颜色以及叶脉的生长规律、叶脉的生长方向、叶脉的排列规律，并在家长的协助下进行写生，做好记录。对于造型奇特的叶子，用相机拍摄下来形成素材，同时根据叶脉生长规律让学生尝试画叶子的主叶脉、支叶脉、次叶脉和叶子的外轮廓。调动学生用多种感官去观察发现生活中的叶子之美，并动手搜集生活中有关叶子的美术素材，使学生全身心投入美术活动中，感受生活美的丰富多彩。调动学生内在的创作激情，让创作在生活事物美的规律应用中更富有个性与创意。

三、选择经典作品进行解读

在教学实践中发现，许多教师在分析美术作品时往往只是从用笔、构图以及色彩方面进行赏析，而忽视了作品的思想性与知识性。因此，教学中教师还应该从作品的历史背景、人文背景来分析，通过解读作者的创作意图，达到赏悟作者表达内涵与情感的目的。每一幅作品都有一定的历史背景，背景后面蕴藏着深刻的教育意义，教学中教师应该充分地分析，合理地加以利用，使学生在课堂中接受美术知识与技能的同时，其图像识读、审美判断的核心素养能力也得到培养。

例如，人美版第 5 册美术《童年》一课，赏析秦大虎等创作的作品《战斗中成长》。作品刻画了两个游击队员战斗后满载战利品凯旋的形象，身背战利品的少年脸上泛着红晕，充满了灿烂的笑容，胜利的喜悦在他全身跳动，他们的笑容与目光好似在憧憬着光明的未来，这件作品深刻地揭示了游击队员在艰苦岁月中的革命乐观主义精神。通过欣赏，激发同学们联想到艰苦的战争岁月，南征北战、流血牺牲的革命者们的艰苦生活，并与今日美好生活进行对比，让他们感到今日美好生活背后是革命烈士流血换来的，实属来之不易。这样，学生在享受读图乐趣的同时潜移默化中受到深刻的爱国主义教育和社会主义核心价值观教育。

对经典作品进行解读之时，选择本土名家的作品进行内容、方法、内涵方面的赏析，也是培养学生读图与审美核心素养的有效方式。因此，在“乐趣美术”教学中，笔者引导学生欣赏画家陈德入选第五届全国美展的黑白木刻作品《促膝谈心》。先以导学的方式，出示学习目标：作品表现的内容是什么？表现的形式怎样？作品中流露出画家怎样的情感？学生根据学习目标对搜集的资料进行欣赏交流。有的小组说，通过对画作资料的整理，我们知道，木刻作品的艺术特点是黑白有致、刀法细腻；有的小组说，画面中流露出画家热爱家乡、热爱生活的情感……在对作品的风土人情、木刻刀法、画家情感等内容的赏析中，学生们初步感受到作品所带来的情趣，激发了学生学习的热情，提高了读图审美的能力。

在学生已基本掌握欣赏本土名家版画的方式的基础上，教师接着继续引导欣赏入选第六届全国美展的陈德版画作品《绿色金库》。出示导学目标：作品表现的内容是什么？作品与黑白木刻有什么不同？学生们围绕目标展开学习，在交流中明白版画与黑白木刻不同的是由单一的黑白对比变为多色的和谐相处，色彩以绿色为主，凸显生命力……学生们通过自主互助、合作交流，已经能够从作品的内容、艺术思想等方面用美术的语言与情感进行表达，深刻感悟到作品内涵之美所带来的乐趣。可见，通过选材创意的“乐趣美术”教学，不仅有利于落实美术学科的核心素养，同时，学生在读图审美中也将受到社会主义核心价值观的教育。

第二节　情境创意

一、精心设计，巧妙引导

在教学实践中，许多教师反映，开放的课堂难以驾驭，易“放”难“收”，经常无法完成预定的教学任务，究其原因，主要是课前预设不够，课堂缺乏有效情境，这就要求我们教师不但要注意“创意预设”，还要关注“情境生成”。在备课时既要思考自己怎样教，更要预设学生会有什么反应，巧妙地运用“情境生成”，使课堂真实生动。预设的问题应该简练、明确，要富有启发性，要有思考的价值，答案具有发散性，在明确指向性的情境诱导下，真正使课堂教学创意提问变成“百花齐放”“百家争鸣”，富有实效。要根据学生在课堂上的反应生成来进行情境调控，激发学生学习兴趣，把学习引向深入，推至高潮。

例如，人美版第 4 册《画夜景》一课的教学。组织学生欣赏自己搜集的“夜景”图片与教师拍的“白天景色”图片，在分析白天和夜晚的景色不同后，教师精心创意预设与情境生成调控如下。

师：彩灯在黑色的夜晚中为什么觉得好看？

生 1：因为它会闪。

生 2：因为夜晚是黑的、暗的，灯是亮的。

生 3：有五颜六色不同的灯。

师：彩灯因暗的天空而美丽，那么在画夜晚的天空时，可用什么颜色？

生 1：紫色。

生 2：深蓝色。

生 3：黑色。

师：那么，五颜六色的彩灯，又可用什么颜色？

生 1：黄色、黄绿色。

生 2：绿色、橙黄色。

生 3：深色加白的也可以用。

师：说得好，只要有明暗的对比，各种颜色都可以用。

师：除了彩灯外，你在夜晚，还看到或发现什么美丽的景色？

生 1：流动的车灯，还有烟花。

生 2：月牙，闪烁的星星，流星。

生 3：音乐喷泉。

生 4：我家旁边的鱼塘灯光倒影也很美。

此时，学生探究欲望正浓，教师根据学生的回答，拓展创作内容，从暗色与亮色的对比产生的效果上引导学生对夜晚色彩的表现。

以上的问题情境创设，从学生已有的认知水平和生活经验出发，认真进行教学创意预设，既考虑到了问题的开放性，又有一定的指向性，在情境生成中发挥了学生的自主性，促进学生思维的发展和美术核心素养的生成，提高了教学效益，真正达到“放开教学，开放思维”的效果，使课堂教学在情境创意中乐趣与实效并存。

有时，教师虽能从课堂“填鸭式”的教学中走出来，但常徘徊于“放羊式”的开放教学中。表面上是以学生为主体，放手探究，实际上是教师主导作用的缺失。失去教师引导的课堂，学生自主学习成了放任自由，失去了教学的有效性。因此，在创意预设与情境生成的基础上，利用“中庸”之道，创设一个充满想象、充满灵性的情境课堂，“导”是关键。“导”要恰到好处，点到为止，要在学生探究受阻时及时地予以点拨，才能开拓学生的思维，给学生提供继续探究的契机和空间，培养学生的能力，使其品尝到探究的乐趣和成功的喜悦。

例如，陈老师在《鱼儿游游（吹塑版画）》一课教学的印制阶段，根据学生初学的特点进行了如下尝试：先让学生根据自己做好的底版并结合画面内容与自己的想法进行尝试印制，结果96％的同学印出的画面效果灰暗。针对这一问题，陈老师让学生展开交流讨论，寻找解决的办法。有的同学说可能是印制的蜡光纸底太黑了，如果换成亮色的效果会好些；也有的同学说用的颜色太深了，如果用浅色的印，画面效果肯定会好些等等不同意见，始终没找到合适的解决方法。此时，陈老师没有出声，而是灵机一动，拿出一支大号水粉笔调了一些白色，均匀地涂在吹塑纸上，在黑板上用黑色蜡光纸进行印制，结果印出的色块明亮，此时学生似乎发现了什么。接着陈老师调了些表现海底的深蓝色加白色继续进行印制，印出的色块非常亮丽，这时，学生完全明白了，要在黑色蜡光纸上印出艳丽的画面效果，解决的关键在于加白色。此时，陈老师让学生尝试，讨论不同深浅的颜色加白色所产生的效果。通过交流，学生们明白了深色应多加白色，而浅色可少加些白色。这样富有情智的创设，学生学得有法，乐在其中，课堂气氛十分活跃。最后通过再次的印制，学生们印出了自己满意的靓丽的作品。

以上巧妙的情境创意示范引导，解决了教学的难点，体现了教师的智慧，在交流中学生思维开阔，掌握了印制的方法，体验到探究的成功与乐趣。创意情境激活了课堂，增强了学生学习的自信心，激发了创造欲，使开放的课堂在引导与交流中收到实效。

二、观察质疑，交流解惑

在课堂教学中，教师生怕学生对美术知识与技能掌握不好，常犯急于先讲、多讲的毛病，使学生失去探究的乐趣与兴奋，课堂学习氛围不理想。因此，教学中教师不必急于指导学生怎样画，而要让学生仔细观察，并根据教师的提问，说一说画面上的内容及经过推理，想象到的东西，然后发表可能的解决方法。同时，结合动手操作，合作，交流发现等，让学生“动”起来，使学生勇于创新，大胆创作。

例如，《重复图案》一课的新授环节。教师先让学生观察范图中“鱼”是怎样游的，学生不难发现，鱼是笔直向上游的。接着进一步引导：“鱼的骨式我们给它一个名称叫直立式”。并出示骨式图贴在黑板上。同时利用泡塑鱼教具请同学上台在吹塑方格演示板上进行演示。紧接着教师让学生想一想，这些鱼还可以怎样排列着游？它的骨式还可以是怎样的？此刻，学生创造性思维被激活了。再接着让学生拿出信封里的学具吹塑小鱼放在碟子里沾点水，在塑料方格垫板上摆一摆，根据所学的二方连续纹样摆出另外 7 种常见骨式并上台进行演示，教师随着学生演示完毕，逐步把骨式图贴于黑板上。此时，学生思维活跃，教师抓住这个有利时机，进一步发挥学生的创造力，再一次让学生小组合作摆出多种不同骨式。待学生操作完毕，各小组派代表把鱼的骨式图展示给全班同学欣赏。引导学生发现：骨式多种多样，即使是一种骨式，也有多种变化。此环节通过巧妙设疑，动眼观察、动脑思考、动手操作，交流分享。学生在开放的教学中自主学习，亲身经历了重复图案——骨式的变化及形成过程。不仅能充分展示每位学生的才能，突出学生自主探究的主体地位，同时也培养了学生的创意实践能力。

法国雕塑家罗丹有句名言：“生活中并不缺少美，只是缺少发现美的眼睛。”因此，教师要创造一切机会让学生到大自然中、生活中去观察，如：校内的拔河比赛、金鱼游动的形态、花儿的开放姿态等。引导学生认真观察，有选择地辅导学生速写，搜集素材，不断积累感性经验，为创作打下坚实的基础。在教学时，教师通过观察、质疑、想象、发现的情境创设，诱导学生发现绘画方法、步骤等，并给予归纳总结，培养学生的逻辑思维能力。同时，在课堂中教师要向学生多介绍能引起学生兴趣的艺术作品，欢迎学生质疑、争辩和发表意见，让学生敢想、敢说、敢问、敢于大胆创新，在平等、和谐、民主的教学情境氛围中，鼓励学生不断攀登与创意实践。

三、营造氛围，展现愿望

创新需要勇气。要增强学生大胆创新的勇气，必须给学生提供宽松的创造环境，建立民主和谐的课堂氛围，解放学生的大脑，解放学生的口，解放学生的手，使学生具有创造与想象的心灵的自由度。而宽松的学习环境与民主氛围的形成，要求教师要具有诚挚的态度与爱心，要有与学生平等相处的心态，要避免认知强加，尊重学生的选择，允许学生说“不”，宽容学生的错误，让学生觉得师生是朋友、伙伴关系。课堂的民主性不仅仅体现在师生情感关系的和谐上，还应体现在对教与学矛盾的处理中。

例如，在《巧用纸餐具》一课的教学中，有个学生把纸杯全部撕碎，其他的同学告诉老师他在乱撕纸杯。但老师没有批评这个同学，而是微笑着说：“任他撕吧，等会儿说不定他会用撕碎的纸片给我们变个新模样。”不一会儿，这个学生把撕碎的纸片贴在纸盘上，通过剪、折、贴等方式，变成了一个“花脸”式的面具，他说他在电视里看见的面具就是这个样子。多么奇特的想法，教师在班上表扬了他。学生在这样民主、和谐的课堂氛围中，敢于发言，也敢于将自己的见解与他人讨论，他们的想象力将会更加丰富，创新能力也将得到发展。

每一个人都具有创新的潜能，但创新潜能需要有效的刺激才能得到开发。对于情绪敏感、外露的儿童来说，开发创新潜能的最佳方式莫过于创设情境，激发他们的情感，调动他们创造的愿望。实践证明，通过创设各种情境，虚构某种情节，能有效地调动儿童的情感因素，使儿童从自身的愿望出发，千方百计地用贴切的绘画语言表达意图，使思维的主动性与灵活性得到很好的发挥，从而“唤醒蕴藏在儿童自身内部中沉睡着的创新力量”。

例如，在《我的家》一课的创作阶段，为了向老师展示自己的家，学生们认真回忆家中的一切，充满兴趣地组织画面。不少学生十分具体地画出了家中的陈设，并为了让家更美而进行装饰美化。一些学生富有想象地创造着未来的家，有的甚至将家“搬”到了外星球上。待学生画到一定程度，老师说：“如果老师马上要来到你家做客，这时你在家怎么办？请在画中表现出来！”这一问题情境的创设，让学生兴致勃勃地将自己与老师描绘进画面。由于学生的情感得到激发，真诚表现自我得到展现，因此，他们努力通过画面表现眼中的世界与心中的世界，直率地表达自己对老师的热爱与敬意，一幅幅画面流露出纯真可爱的童心。

四、运用信息，激活课堂

信息技术与学科融合为“乐趣美术”的教学开展注入了活力。发挥教师作为课堂教学的组织者、指导者的作用，以学生的学习为中心，利用信息网络有意识地让学生自己去查阅美术资料或进行地方文化的社会调查，把美术学习知识由课内延伸到课外，通过美术创作激发学生在学习过程中的主动性、积极性与创造性，使学生在学习过程中真正成为信息加工的主体和知识的主动建构者，形成自主互助教与学的方式，在师生互动中培养学生自主互助能力，提高了课堂教学效益。通过与信息技术的融合，进行学生信息能力、创新能力的培养，营造了良好的学习氛围。在教学的过程中，学生始终处于认知主体地位，动脑、动手、动口，积极主动地建构知识，激活了课堂，又让学生在自主互助中各方面的素养、能力得到了培养与提升。

在教学中，学生们已不满足于学习美术教材上的知识，思维也不再局限于课堂上，因为网络拓展了他们学习的空间，使他们的信息量大增，眼界开阔，观察问题、分析问题、解决问题的能力得到了提高，发散性思维得到了训练，创新能力得到了培养。

现行的小学美术教材，由于教材编写的地域局限性，教材很难及时、准确地反映身边生活中最鲜活的、具有地方特色的教学素材和教学内容。然而在信息技术互联网＋的学习互助中，学生掌握了一定的信息获取、加工、分析、处理的能力，通过实践体验与信息技术网络对身边的素材进行搜集补充。例如，利用“东方潜能”在线网站上传美术素材、下载资料，进行美术创作及网络现场互助，发表自己的见解，通过1∶1课堂的人机对话掌握美术知识，使学生体会到所学内容的亲近感、生活化，拓宽学生学习的知识面。同时，通过开展“东方潜能在线网络知识学习竞赛、电脑作品设计比赛”等活动，进一步促进学生创新能力的提升，多位学生的电脑绘画作品在福建省电脑绘画比赛中获奖，在收获成功喜悦的同时增强了学生学习的自信心。

第三节　活动创意

一、体验生活，积累创造

生活是艺术的源泉，艺术源于生活，又高于生活，是生活之美的缩影。在“乐趣美术”教学主张的课题实施过程中，通过生活探究，创设生活化的课堂情境，建构乐趣的美术课堂，激发学生学习兴趣，让学生在乐趣的美术课堂中探寻生活之美，发现生活之美，体验生活之美，创造生活之美，品味生活创作带来的乐趣。教师善于创设愉悦的学习情境，激活学生的创作欲望，促进学生美术素养的提升。

1. 在体验生活之美中激活创作欲望

观察、感受生活之美，搜集创作素材是上好美术课的前提之一，《美术课程标准》也指出：“教学内容的选择应贴近学生的生活实际，突出应用性、审美性和趣味性，使学生始终保持浓厚的学习兴趣和创造欲望。”在观察的基础上，亲身体验生活是培养学生对美术创作持久兴趣的根基，因此，要让学生参与体验生活的文化之美，生活的点、线、面之美，生活的色彩之美，在体验中激活学生创作欲望。教师创设生活化的教学情境，让学生处于最佳的学习状态，使学生想学、愿学、乐学。

例如，人美版六年级上册《家乡的小吃》一课教学。课前，先让家长利用双休日陪学生调查家乡的小吃，了解家乡小吃的种类，通过观察、动手体验实践操作，初步掌握一种家乡小吃的制作方法及了解背后隐藏的文化之美。其中，建瓯光饼调查小组，先了解了光饼背后的文化故事。相传明代戚继光率军抗击东南沿海的倭寇，用兵神速，为了节省烧饭用餐的时间，让倭寇没有烧饭做饭的时间，他想出一个方法，就是在饼中心打一个小眼，用草绳串好，挂在士兵的脖子上，行军时当干粮吃，从而打败了倭寇取得了胜利。人们为了纪念爱国将领戚继光，就把这饼称为“光饼”。接着，小组成员们体验了光饼的制作方法，大家与师傅一起先将面粉发酵，和好面加入小苏打，之后将面揉细，制成饼截，再用木棰碾成饼，中间戳一小洞，然后将饼贴在高炉内壁，用炭火猛烤至熟，面色金黄，香味无穷。学生亲手体验光饼制作之后，在课堂上有了话语权，个个跃跃欲试，创作热情极高，作品多样。通过课外研学与课堂创意活动，真正激活了学生内在的创作欲望，让学生学有所获，学有所成。

2. 在感悟生活之美中品味创作乐趣

“乐趣美术”立足课堂，结合教材内容，开展创意教学活动，从生活所见美的感悟中引导学生选择适合创作的生活素材，陶冶学生情操，在开阔学生生活创作视野中拓宽学生的创作思路。鼓励学生在造型表现、设计应用、综合探索领域用美术的语言、元素进行创作，体验、掌握创作方法与步骤。学生在动手实践体验中，感受到生活素材在美术教学创作中所带来的美感与成功的愉悦，真正品味到创作的乐趣，并将这种乐趣转化为持久的情感态度。

例如，人教版四年级《生活中的线条》一课教学。先让学生谈谈生活中所见的线条种类，赏析生活中的线条的动、静之美。在听音乐画线中发现自然生活中线的排列规律，感悟设计师与画家的作品是源于生活中线的疏密、粗细、长短等有规律的排列组合所建造与绘制完成的完美之作。接着学生总结线的变化组合规律，结合自己的性格选择不同种类的线，进行组合排列装饰物品或画面的创作。在个性张扬中激发学生创作的欲望，并在同一物体与题材不同的线的表现中，作品或动、静，或者是动静结合，形式多样，异彩纷呈。学生们细细品味着线条组画系列创作活动给他们带来的乐趣，述说着作品中线条的组合变化，动、静之美，在全员作品展示中树立学习的信心。

二、多方参与，赏析提升

在造型艺术中，主要是视觉器官发挥审美功能。视觉器官感受的范围十分广泛，它与世界万物的形色姿态“亲密接触”，在长期的社会实践中，形成了“感受形式美的眼睛”。在美术教学中，虽然培养学生的视觉感受是根本，但手段却不是唯一，不能仅仅从视觉感知经验出发设计教学过程，应尝试采用多种方法与活动，恰当地辅以其他感官，如听觉、触觉，调动学生已有的生活经验等等，以增强学生视觉审美感受能力。对于学习注意力不集中，兴趣容易转移的低年级学生来说，这种方法能有效地调动学生感知美的兴趣，加深对审美对象的感知体验。

例如，《我们身边的线条》的教学。教师以各种活动手段，调动学生视觉、触觉、听觉等多种感官，为学生搭起一座通往审美境界的“立交桥”，使抽象的线形被赋予情感，注入美感，在学生心目中得到活化，成为学生自由创造的个性化符号。过程如下：

1. 激趣——体验与联想——手中的线

上课了，教师发给每位小朋友一根细铅丝，边说边在黑板上画了一道弧线：“大家能将它很直的样子变成这种形状吗?”不一会儿，直的铅丝被学生弯成一根根弧线。“说说这根弧线像什么?”由线条引发了不同的联想，如：像彩虹，像初升的太阳，像弯弯的月儿……“大家还能将它变成不同的形状吗?”学生兴味盎然地将手中的铅丝变成了波浪线、折线、螺旋线……“同学们真是一个个小小的魔术师，铅线乖乖地变成了各种各样的线。同学们想想，大家在生活中什么地方见过这些线?”于是，学生们愉快地说出与手中线的形态有关的生活事物。

2. 导趣——审美与欣赏——画中的线

“现在，同学们看看用线组成的画面。”通过大屏幕投映出直线造型的建筑，曲线造型的河流、田野，同学们折线造型的山峰。一幅幅美丽的画面令小朋友新奇不已，在视觉的审美感受中，学生情不自禁，用手临空画线，感受着线的美感与魅力。

3. 引趣——表演与描绘——音乐中的线

“刚才大家从画面中看到了各种各样的线，下面，同学们用耳朵听线。”学生很好奇。教师打开多媒体音乐 ，节奏缓慢而优雅的乐曲在教室回荡。在教师的引导下，学生用体态、手势表演着音乐中线的旋律与节奏，教学被推向高潮。艺术互通的情感桥梁使学生步入最佳的审美境界。

4. 展趣——创造与表达——心中的线

教师继续引导学生欣赏教材中画家与学生的美术作品，“这些用线表现的画面真美，上面的线条好像在跳舞。同学们，你们愿意用线表达你的各种心情或对大自然、对音乐的感受吗？让我们也用五颜六色的，跳舞的线条在画面上画出来吧!”由于经历了对线的多方位审美体验与感受，线在学生心中已被活化，学生融视觉的审美与心灵的体验于一体，富有乐趣地投入创造表达中，其画面多彩，个性鲜明，留下了童真童趣活动创意的轨迹。

以上教学，老师辅以学生视觉感知以外的手段，以不同的活动方式增强学生对线条美感的体验，引发学生对所观察与体验到的自然现象中的线的形态的回忆，从而使机械的线条“情绪化、活动化 ”。这样的教学，对低年级学生来说，不仅能起到引人入胜的作用，而且有助于强化学生对线形的视觉感知以及图像识读与审美判断等美术核心素养的培养。

三、游戏激趣，自由想象

人类的创新体现在对物质世界的改造与对精神生活的追求上。对儿童来说，在他们还未具备改造物质世界的愿望与能力之前，其创新与想象主要体现在由情感驱使的富有乐趣的活动之中。他们在自己喜爱的活动中，以自由的心态驰骋思维，以无拘的行为大胆创造，感受到满足与愉悦。心灵的自由促进其思维的活跃，一些奇妙的想法随之产生，这就是创新精神的萌芽。在儿童所喜爱的活动中，应首推游戏活动。低年级美术教学，将创造思维与能力培养纳入游戏活动中，用游戏的光芒照亮儿童学习，将有效地激发儿童创造思维的萌芽。

例如，《五彩路》一课的教学。教师以为星球命名开展活动，让学生观察星球环境，问：“同学们，这个星球从来没有人，没有动物，它会是什么样的呢？给星球命什么样的名？想一想。”这时学生的思维特别活跃，有的想象星球上有很多笑嘻嘻的快乐植物，有的想象星球上有很多奇异的怪兽……在作品展评时，教师问：“有没有看不见的路？如想找朋友说话，想给地球上的爸爸、妈妈通话怎么办？想回到地球怎么办？”这时学生想象创造的空间被打开了，他们想象飞船在天空飞行一定有规定的路线，用手机打电话，肯定有一条看不见的路，让声音顺着路走。总之，学生在游戏活动中体现出的创造思维令人欣喜。

根据游戏活动可以让儿童心情轻松愉快，可以充分调动学生积极性，激发学生学习兴趣，引发学生思维活动的特点，教师应尝试让各种有趣的游戏进入课堂，把游戏活动与美术教学结合起来，以激发学生的绘画兴趣，让孩子们的人格得到发展。教师在与学生同游戏、同感知中创设愉快的学习氛围，增强学生感知美能力与自由想象能力。

例如，三年级《形的联想》的教学。教师请几位学生上台，在黑板上任意画几种形状，让学生讨论这些形状像什么？简单加上几笔，可以让它变成什么？如何添加使画面更加完整？通过教师的引导，学生充分地发挥想象，教师再根据学生的回答进行添加、改动，完成一幅联想画。画完后，学生们禁不住地叫起来"多美啊！"在他们看来，这么不起眼的形状能画出这么美丽的图案，真不可思议。通过这样的绘画游戏让学生从中感知、体验到美，引起学生学习兴趣，调动学习主动性，从而激发学生的创作情趣。又如，《蝶儿飞飞》一课。课前开展比赛，"比一比哪只蝴蝶最漂亮，飞得最好"。让学生心情沉浸在游戏中，感受蝴蝶的美，从而更加主动地了解蝴蝶的特征，激发了学生学习的积极性。蝴蝶制作好之后，又可组织"蝶儿飞飞"游戏，带着自己的"蝴蝶爸爸、妈妈、女儿、儿子"在花丛中翩翩起舞。最后，引导学生说说大家刚才是怎么做游戏的？自己是怎么做的？你发现别的同学有什么有趣的动作和表情了吗？通过游戏活动的开展，让学生体验生活中的美，在轻松愉快的环境中学习，在"玩"中较好地增强学生的审美感知力。

教学是双边活动，学生是学习的主体，只有在学生真正成为学习的主人之后，学生创新的潜能才能被充分地发挥出来。因此，在课堂教学中要让学生不受现成知识局限、不受传统方式束缚主动地去想，鼓励学生"异想天开"地去想象未知世界，大胆地画出心中所想，如音乐车、会说话的课桌等。儿童的自由想象画是童心的再现，世界有多大，童心就有多大，他们对未来充满着幻想。教师要给学生留下一个想象的空间，让他们自由自在地去翱翔，去创作。

创造力不是神秘的、高不可攀的，而是人人都有的。因此，在课堂教学中教师还要让学生自由地练，并根据学生的心理特点，循循善诱，因势利导，诚心参与创作，激发学生创造性思维，使创造潜能得到充分地发挥。如，命题画《六一儿童节》，学生通过思考，有的画自己潜到海里与海洋动物做游戏，有的画自己坐上宇宙飞船在太空中遨游，更有的画自己和一群小朋友坐着各种不同的飞行器到月球过节日，孩子的想象创作是多么的丰富而有创意。

四、合作探究，尝试创新

“教学不仅仅是种告诉，更不是简单的告诉。教学是学生在教师的引导下对实践的一个体验、感悟的过程。”如果离开了学生的亲身体验，教学便成为枯燥乏味的技能操作。因此，在探究、操作的体验过程中，教师要先给学生明确的目的与任务，同时给学生足够的探究时间，让学生通过实践活动体验互相合作、体验情感交流、体验成功、体验快乐。教师应关注全体学生的参与，让他们在探究过程中受到同等质量的学习和训练，使体验与参与扎实有效，从而开放学生思维，激发学生创新，使开放的课堂在学生激情创作中富有成效。

例如，湘版美术教材第 4 册《三个好伙伴》一课的尝试体验与创作阶段。在学生对三原色进行初步认识后，教师以吹画游戏的方式，让学生尝试体验三原色相融所产生的色彩变化，并以表格的方式让学生记录探究的结果，使学生在目的明确下进行体验探究。首先让学生尝试体验单色吹画，感受色滴大小、浓淡，吹气方向、力度等产生的不同变化，并对遇到的问题进行交流解决。由于是以游戏的方式，因此，学生参与积极性高，而且吹出的彩树也各不相同。接着，让学生尝试体验双色、三色吹画，感受色滴相融所产生的色彩变化，并根据表格的目的任务，给予记录。此时，学生们完全地融入吹七彩树的过程体验之中，在互动交流中掌握了色彩知识，教师抓住时机，进一步开放教学，拓展学生思维，让学生根据吹画的方法，吹出自己喜欢的图形、动物、植物等。这一引导，学生的创作欲完全被激活了，纷纷参与到活动中来，吹出了不同的物体，有“大龙虾”“荷塘”等，个性创新得到了张扬。

可见，教学是一个生命体验的过程，每个学生的自我意识的觉醒，生命意义的建构，认知世界的探索，都需要以体验的方式，加以融合。通过参与体验，树立全体学生的成功意识与学习自信心，激发创新欲，使开放的课堂在学生的融入与体验中涌动生命的活力。

同时，在教学中要不受传统束缚，不受现成内容局限，给学生一个发展个性创意的想象空间，主动地去想象，在追求百花齐放时，注重个别指导，尤其要因人施教，鼓励学生产生不同于别人的想法，创造出不同的作品。

如，《重复图案》一课的创作阶段。教师结合课本范图诱导启发：除了动物鱼以外，还可以用其他的基本形组成重复图案吗？让学生观察课本范图，想一想。引导学生说出还可以用植物、静物的基本形组成重复图案。让学生举例说说，使学生明确重复图案画的内容之多、之广，拓展了学生创作的题材与空间。接着讲解作画步骤，明确作画的过程及每步应注意的问题。然后，让学生根据刚才的所思所想，画一个基本形，通过小组讨论，比一比，选择一个既美观又喜欢的基本形，画一幅重复图案。同时播放古筝曲，让优美的音乐伴随着同学们大胆地创作。此刻，学生的创作欲望被调动了，个个跃跃欲试。经过各小组同学共同的努力，图案排列作品形式多样，学生们乐在其中。

这样的教学，让学生自由地想，自由地画，并根据学生心理特点，循循善诱，因势利导，让学生诚心参与创作，激发学生创造性思维，使学生的创造潜能得到充分地发挥，美术表现、创意实践的能力得到培养。

第五章 学习感悟

第一节 乐趣为媒

当下，基础教育课堂教学改革经历了由双基（基础知识与基本技能）到三维目标（知识与技能、过程与方法、情感态度与价值观）再到核心素养（必备品格与关键能力）的转型，迈入核心素养教育教学的新时代。课堂教学改革从以“教”为主逐步转向以“学”为主，从知识本位走向核心素养本位，其教学改革的任务和方向非常明确。关键是在新理念的引领下找到一种以“核心素养”为导向的教学法，构建以学生学习为中心的课堂，让学生的学习在课堂上真发生，看得见，有获得感，使以“学”为主的核心素养教学改革稳步着陆。在这一改革的前沿，导师福建师范大学余文森教授引领我们提炼让核心素养落地的名师教学主张的同时，率先垂范，在基于核心素养形成机制的深度研究与 30 多年的教学改革实践探索的基础上，提炼出“读思达”教学主张，“读思达”教学法，其中读，即阅读（含读书、读图、读物、读人、读谱等）；思，即思考（含思维、想象、体验、感悟、归纳等）；达，即表达（含口头、书面、物质、精神、内在、外在的表达，迁移运用等）。

“读思达”教学法以认知加工理论、学习活动理论、先学后教理论为依据，以学生全科学习最基础，最具生长性的阅读力、思考力、表达力为基点，通过学科阅读、学科思考、学科表达三个环节的教学，使学生在阅读、思考、表达三个相对完整的学习过程中把知识转化为素养，让以学生为学习本位的核心素养教学着实落地。

“读思达”教学法是面向所有学科、所有学校的“通式、基本”教学法，不同学科的阅读、思考、表达其内涵是不同的，其实施也是各具特色的。在

“读思达”教学法融入美术学科教学中，根据美术学科属性和美术学科核心素养，结合“乐趣美术”的乐趣与创意相融的美术教学主张内涵，对以学为主的美术学科“读·思·达”进行解读：读——图像识读，观察认知；思——审美判断，想象构建；达——美术表现，创意实践。以乐趣为媒，并在以学为主的“乐趣美术”学科“读、思、达”教学实践中培养学生良好的感知力（阅读力）、理解力（思考力）、创造力（表达力）。

一、以“读”为乐，在“读”中让学生想学

美术课程凸显视觉性，美术是视觉的艺术，以视觉形象的感知、理解和创造为特征，因此对视觉形象的观察认知、识读非常重要。图像识读是人们在学习、生活、工作时不可缺少的素养，是美术教学的第一环节，是美术教学的基础、前提、关键。科学有效的美术教学都是从图像识读开始的，没有图像识读，教学就会变成空中楼阁。图像识读是指以获得美术知识和有益信息为目的的对图像（如符号、绘画、雕刻或广告）的观看识别和解读。图像识读素养的内涵为：运用整体观察的方法，感受美术作品、数字图像，影视作品或生活中各种图像符号的造型、色彩、比例和肌理等形式特征，以及材质、技法和风格特征。通过美术学习，培养学生识读、比较、辨别图像方面的素养。不同门类的美术作品除了材料、工具和技法不同外，其创作的理念也有差异，如中国画擅长用借景抒情、托物言志，强调作者主观情感的表达和作品的意境；而西洋画则强调模仿与写实，逼真地再现对象。即使是同一画种，也会由于创作观的不同而产生表现形式与风格的差异，如，同是油画作品，印象主义、表现主义、古典主义等风格就不一样。因此，图像的识读能力的教学要遵循从扶到放，从教到学，从依赖到独立的过程，进行教读（示范），导读（引读），自读（放手），让学生由表及里对图像进行辨别与识读，掌握方法，品尝乐趣，让学生在读图的内涵与外延中能学、想学。

例如，人教版美术六年级第5课《装饰画》。教材以画家丁绍光的装饰画《乐园之梦》作为范画，教师在读画中逐一出示问题，让学生把感受、交流写出来。首先，营造情境，出示范画，提出第1个问题：“第一眼，这幅画给你什么感觉?”（表层读：整体感知）学生回答：构图饱满，线条变化丰富；蓝

色的夜空如梦幻；人物白色与蓝色形成强烈对比；人物与我们普通人不大一样，更瘦长；人与自然和谐共处等。教师引导同学们经过动眼、动脑、动手，从“整体”入手，对画面进行了识读。接着从构图、形体、线条、色彩变化上进行局部识读，出示第2个问题：“这幅画在构图、人物形体、用线及用色上有什么变化?”（深层读：局部感知）学生回答：构图饱满、均衡稳重、和谐；人物身体修长，形象夸张、变形；人与动物姿态一动一静，优美极了；线条长、短、曲直、粗细、疏密的变化有律动的美感；静谧的蓝色密林、深紫色的天空与白色的飞鸟，婀娜的少女形成强烈的明暗对比（明度），使主体人物更加的凸显。教师进一步引导学生再从装饰画的特点上整体地进行理解识读，出示第3个问题：“这幅画是装饰画，它有什么风格特点?”（内层读：整体理解）学生回答：夸张、变形，简洁明快，强烈对比，统一和谐的美感。教师引导学生总结识读装饰画与写实画的不同。装饰画偏重表现形式的装饰性，不强调真实光影和透视关系，注重色彩的象征性及整体的和谐，多以夸张、变形的手法作画，给人以简洁、明快、强烈的艺术美感，其具有简洁、明快、和谐、统一的风格，也具有秩序化、夸张变形等艺术性。

以上对丁绍光装饰画《乐园之梦》的图像作品识读用了“整体—局部—整体”的方法，科学有序，学生易于掌握，既有整体认知，又不缺美术语言与美术技法的解读，不离美术学科本位。因此，教师们教学中要由扶到放，由示范讲解，引导识读，掌握方法，激发识读的欲望，再放手让学生自主识读，培养学生以学为主的能力，在掌握读图的方法中让学生体验学习的乐趣，激发学生真正想学的愿望。同时，在图像识读教学中，要防止教师一言堂，用讲解分析代替学生对图像识读的实践活动，要防止教师与目标教学无联系的拓展讲解而挤占学生对图像识读的时间，要防止集体的图像识读代替学生个体的识读，要注重整体、系统、完整的识读，要把单一课例中的图像识读与单元、年级、学段联系起来，防止碎片化、孤单化识读，只有“整体—局部—整体”的识读才有深度，才能在图像识读、观察认知中读出实效。

二、以“思”为乐，在“思”中让学生会学

当下是信息社会时代，各种图像蜂拥而至，作为视觉艺术的美术学科，

如何对图像信息进行加工、鉴别、提炼，是美术教学的核心服务。在图像识读的基础上，对图像进行审美判断、想象构建是“思”的内涵，是“达”的基础，是“学”的重要一环。审美判断是美术学科核心素养之一，是对美术作品和现实中的审美对象进行感知、评价、判断与表达，其本质在于加工、建构，在于产生自己的想法、见解、观点，做出对美的判断与选择。审美判断力即思辨能力是个人美术发展的不竭动力，一个会思考、会对生活进行审美判断的人，是一个美术力量无穷的人。因此，美术教学的根本任务是通过美术知识或以美术知识为媒介培养学生的思考力、审美判断力、鉴赏能力，把培养学生的审美判断的思辨能力作为学生学习的最核心、最根本的学习能力。正如爱因斯坦所言：“发展独立思考和独立判断的一般能力，应当始终放在首位。”不会对图像生活之美进行审美判断、思辨的学生是没有潜力的学生，他只能获得美术表层的知识，陷入“读死书、死读书、读书死”的泥淖，所谓“学而不思则罔，思而不学则殆”就是这个道理。所以美术教学要基于生活、基于文本、基于事实思维、基于逻辑思维、基于判断思维，在“讲证据、讲逻辑、讲方法”的学习中培养学生美术学科的科学精神与态度，利用生活事实、观点、思辨、学科逻辑，培养学生辨别真、善、美的能力，把美术知识学活、活用、用活。

审美判断素养是在培养学生图像识读的基础上运用一定的美术语言和鉴赏方法，采用批判理论与批判教学法，通过感受、体验、分析和判断古今中外的美术作品的一系列学习活动，从作品图像的创作时间、方法、原因，不同位置、不同层面提出疑问，探讨其美学价值，分析其中的意识形态，在进一步诠释中，沟通交流，想象建构，在获得审美享受中认识美术的价值与作用，达到培养“审美判断”素养的目标。可见，“审美判断”的鉴赏教学，要从生活中的问题情境入手，形成一个基本问题，再提出一些详细的问题，形成问题串，引导学生对问题的认识和理解，在体验、辩论的讨论中让学生结合生活中的学情，根据学生鉴赏、判断的一般规律来解决问题。

例如，人美版教材第 8 册第 16 课《画家凡・高》一课的教学。教材介绍凡・高曲折的人生，并展现了凡・高不同阶段的美术作品，在鉴赏、思考、判断、学习其中的作品《星月夜》（油画）时，师生共同提出了基本问题：与我们日常生活中的星空相比，《星月夜》为何成为经典的作品？日常的星空是怎样的？作品的星空与日常的星空有什么不同？画家运用了哪些线条笔触？画家运用了哪些色彩，产生怎样的效果？运用这些线条、色彩的笔触表达了画家怎样的一种心情（情绪）？这些线条、色彩对于美化我们的生活有什么作用？这一连串的从生活中来到生活中去的问题，引领着学生的想象构建与正确的审美取向。在生活情境切入，问题讨论、辨析中，学生们明确了《星月夜》与日常星空相比，美就美在旋状的弯曲有序的变化的线条笔触带来的律动感，对比强烈的黄紫色彩带来主体强烈的视觉冲击，以及火焰般变化弯曲的柏树伸向天空形成构图平衡。这些线条、色彩在日常生活中手抄小报、贺卡、衣服设计、房间等装饰上想象重构的应用，让审美判断解决问题的价值得到体现。

以上对《画家凡·高》一课的作品生活问题情境式审美判断学习，用形式美的原理分析作品的丰富性，用美术的语言交流自己的审美感受，在描述、分析、解释、评价美术作品的事实与思辨性逻辑中发现美、欣赏美，在想象构建中落实“审美判断”的核心素养，为美术表现做准备。因此在不同学段的美术教学中，要从生活问题情境出发，联系生活培养学生提问题的意识与能力，要尊重保护学生自由的原生态的审美思考、想象、判断，鼓励多元的审美思考判断和不同的批判见解，防止教师以自己的问题和审美判断代替学生的问题和审美判断，防止教师用自己的感悟、情感体验代替学生的感悟、情感体验，防止教师用自己的标准答案代替学生个性的审美思考与解读，在生活问题情境的深度思考和交流、讨论、审辩中，拓展学生思维，引导学生用“审美判断”的眼光对生活世界的真、善、美进行全新认识，让学生想学、会学、学好，实现以美育人的目标。

三、以“达”为乐，在“达”中让学生爱学

表达即表现，是指学生在美术图像识读、审美判断、想象构建学习的基础上，把自己的想法、感受、态度等内在素养状况，通过体态、动作、图画、语言、符号等媒介表达出来。表达是一种输出，一种应用，一种创意实践。

美术是视觉性很强的学科，以视觉形象承载和表达思想观念、情感态度和审美趣味。在教学中引导学生在具体的问题情趣中探究想象构建，激发创

意，运用美术语言及美术的方法，将创意转化表达为实践成果，从而在以学生为主体的学习过程中体验美术表现与创意实践的乐趣，获得对美术学习的持久兴趣，形成基本的美术素养。

美术表现力是学生学习能力的最高体现和综合反映，美术表现、创意实践是教学的最高境界。学习过程是一个吸收和表达相互作用的过程，创意实践活动中，老师要给学生提供展示、迁移、运用、表现、交流的机会与舞台，在享受美术的乐趣中满足学生个体的表现欲望。在倾听、分享彼此的创作思考、经验和见解，交流彼此创作情感、体验和观念中，共享共进激活美术知识；在表达、表现、创意实践中把知识转化为能力，转化为属于自己的知识、智慧的知识。美术表现是一项有内涵、有深度、有创意的表达活动，是运用一定的媒体、技术和美术语言创造图像或表达自己的意图、思想和情感，并在活动中表现出与众不同的创意与愿望。在“像美术家一样创作”的美术创作过程（如下图）中联系生活，独立思考，发现问题，解决问题，掌握方法与规律，培养敢于探索的创新精神与实践能力。在学会“表达创意”的实践中体验“乐趣美术”学习的成功与快乐，让学生在想学、会学的基础上爱上美术。

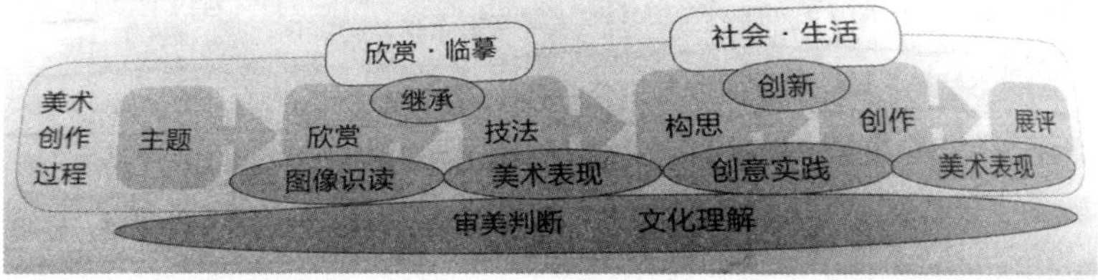

美术创作的过程要把审美判断、美术表现与创意实践相融，在分析语言、动作、体态、创作的表现中构建知识。例如，人美版三年级美术《生活中的线条》一课教学。通过生活问题情境的创设，在对“像大师一样思考”的“审美判断，想象构建”环节学习中，学生对自然生活中线条的长短疏密等排列有了初步的认识，并在美术家的作品中感悟到画家也是利用生活中线条的长短、粗细、平行、交叉、疏密、曲直等不同的节奏变化规律进行总结并创作的。学生被线条合理组织而产生的美感深深地打动，激起了对线条表现与创作的欲望。在持久的内驱动力下，教师引导学生运用不同媒材，像大师一样，画出不同的有序排列的线条，边画边说长短、粗细等节奏变化的线条，体验线条之美；同时用体态、手语表现不同的线条的美感，在乐趣的造型表现活动中体验线条的魅力。初步感受美术表现后，教师引导学生运用对称、均衡、节奏、重复、对比、变化等形式美原理进行造型活动。运用不同的媒材、不同的表现方法，可以根据动植物的生长规律进行装饰创意，可以根据生活中物品实用美感进行创意设计，还可以根据自己的想象自主构建进行本土或科幻的设计等，拓宽学生美术表现、创意实践的思路，在知识内化到深层表现中，解决许多生活的线条美化装饰问题，作品有《活泼的鱼纹》《律动的杯子》《美丽的太空》等。在学生为自己的作品兴致勃勃时，再次进行语言美术表现评价。让学生运用线条的变化规律及形式美的原理，像美术家一样，把创作的内容、美感说出来，使知识经过“审美判断—美术表现—创意实践—美术表现—审美判断”，内化为自己的、智慧的知识。

以上“像美术家一样创作”地学习《生活中的线条》一课，由表及里、以点带面、点面结合、层层深入，把握了美术的规律，通过“情理”（画家的作品练习）—“物理”（生物的生长规律）—“画理”（线条的组合）的融通教学，让学生在与画家作品的对话及生活图像的对话中，发现、掌握形式美的规律，用线条科学有序地排列变化解决生活物象装饰问题，在以学为主的“乐趣美术”教学中培养学生美术表现、创意实践能力及创新意识、科学的态度。在教学中，要防止教师用示范、表达、表述、话语代替学生的表达、表述、话语，要防止教师的评价、观点、见解代替学生的评价、观点、见解，要防止学优生的话语霸权现象，让后进生优先表现。在基于表达、为了表达、通过表达的问题解决的美术学习中落实美术表现、创意实践的学科核心素养。

综上所述，“乐趣美术”的“读”是“思”与“达”的前提和基础，“达”是“读”与“思”的沉淀，“思”是“读”的灵魂，“思”是“达”的内涵，没有对图像的识读（读），所有审美判断（思）都将毫无根据，所有的美术表现，创意实践（达）都将凭空想象；没有审美判断（思），所有的图像识读（读）都是一掠而过，毫无实效，所有美术表现创意实践（达）都是依葫芦画瓢；没有美术表现、创意实践（达），所有的图像识读（读）将会变得漂浮不定，所有的审美判断（思）也都将变得枯萎。因此，在基于学科核心素养的“乐趣美术”的“读、思、达”教学中，要创设现实情境引导学生发现问题，确定创作主题（文化理解），研究鉴赏美术家的作品、风格、生平（图像识读、审美判断），运用不同媒材，学习美术家的表现技法（美术表现），搜集素材，构思创作（创意实践），运用技能、方法解决问题，完成任务（美术表现、审美判断），把图像识读、美术表现、审美判断、创意实践、文化理解相融，“像美术家一样的识读、像美术家一样的思考、像美术家一样的创作”。让美术学科的核心素养在“乐趣美术”的“读、思、达”教学中落地、生根、发芽！让学生在以“读”为乐、以“思”为乐、以“达”为乐的“乐趣美术”学习中想学美术、会学美术、爱学美术。

第二节　反思提升

一、开发·整合·互补·同步——对“乐趣美术”课堂教学的几点思考

为了拉近城乡的教学水平，以福建省名师课题“乐趣美术”课堂的构建研究带动闽北农村美术教育改革发展，开展了“艺教下乡”结对子课题活动，组织省、地、市级的学科带头人及骨干教师十余人，利用课余时间到农村学校开展无偿支教。从开发、整合、互补、同步四个层面进行教师专业引领，开展示范教学，更多地关注农村美术课堂教学中课改理念的渗透，以及教师教学行为与学生学习方式的转变，让“乐趣美术”走进乡村美术课堂，让学生享受以农村为资源的美术愉悦活动。

1. 开发与利用并举，让学生真情体验

农村学校虽说没有先进的多媒体设备，没有丰富的图片资源，没有良好的美术氛围，但它山清水秀，环境优美，民风古朴，有许多天然的美术教学素材与资源。然而，在“艺教下乡”活动中，笔者观察发现教师们并没有很好地对这些得天独厚的资源进行开发与利用。例如，一位教师在上人美版第4册《节节虫》一课时，没有从农村实际情况及学生特点出发进行教学设计，而是按教材要求让学生搜集废弃的纸杯纸盒等进行创作。结果从课堂上看，学生搜集的纸杯、果冻盒等很少，从而影响了学生的创造激情及作品质量。其实，该教师如果能结合学生及农村的特点活用教材，对教材的资源进行开发与利用，选用农村常见的芦苇秆、竹子等进行制作，效果肯定会大不相同。

这些身边的材料学生天天见、常常玩，印象深刻，制作起来也会得心应手，教学氛围、效果肯定很好。

因此，教师在领会教材根本的设计意图的基础上，应根据本土的实际开发教学资源，创造性地拓展教学内容，拓宽学生审美创作领域。同样，教材中有的课题不适合于本地的教学，则可以根据本地情况自主开发本土教学资源，予以补充。这样，学生在耳濡目染中进行真情体验与创作，感受美术学习活动的真趣与魅力。

2. 美术与音乐整合，让课堂彰显活力

把美术与音乐学科在教学上进行有机整合，通过听听、画画、想想的审美学习方式，充分调动学生的听觉等多种感官，去体验美、创造美，有利于改变传统美术教学方式过于单调给课堂学习氛围带来枯燥、沉闷、乏味的状况，让农村学校的美术课堂焕发新的生命活力。然而，在“艺教下乡”活动中，笔者发现一些农村老师为迎合课改理念，没有深思音乐与教学内容的联系，随意选些音乐而用之，结果音乐不但与教学内容脱节，甚而成为课堂教学的噪音。例如，一位老师在上《纸灯具》一课时，在创作阶段使用的背景音乐既有流行歌曲，又有轻音乐、校园歌曲，声音又大又嘈杂，起不到烘托氛围、舒缓情绪的作用，没有让音乐发挥应有的功效。

那么，如何用好音乐，使之成为有效的教学手段呢？第一，应分清哪些课题适合与音乐整合，如线条绘画、色彩知识、抽象画欣赏等课题比较适合结合音乐教学；第二，应根据内容选择经典的、学生较熟悉的歌曲，这样容易打动学生；第三，应选择播放的时机，调动学生的情绪与联想。

3. 预设与生成互补，让教学富有成效

在“艺教下乡”活动中笔者还发现：教师们对预设的内涵还理解不够透彻，没有抓住美术学科实践创作体验多的特点进行预设，认为预设就是对课堂教学问题的预设，而忽略了对课堂组织教学的预设，忽略了对生成性问题的总结与反思，结果是“放得开、收不拢”，课堂难以驾驭，也因此无法完成预定的教学任务。例如，一位教师在上二年级《大嘴怪》一课时，教师精彩的导入教学很快就把学生的学习兴趣给调动了。此时，学习氛围正浓，教师结合课改新理念，进一步通过探究学习的方式，把“大嘴怪”分发给每一个组，让学生们折合开来，探究是怎样折叠的，这样以学生为主体的原则本无可厚非，但结果是在分发材料时学生们你争我抢，致使课堂教学失控。如果课前教师预设分发材料时由组长来主持，就可以避免学生们互相抢夺的现象。

可见，教师如果在预设时能多考虑如何组织教学，学生创作时会有什么反应，用些适当的激励方法，如在黑板上画“小亮星”“小笑脸”“小拇指”等加以调控，让学生一开始就树立纪律、争先等荣誉意识，课堂教学定会井然有序，开花结果，收到教学实效。

4. 观念与行为同步，让课改成功实施

在这次“艺教下乡”活动中，笔者发现很多教师的新教育观已形成，但是一些相对偏僻的农村学校，教师还没有完全把新课程的观念运用于教育实际，教学行为有的还停留在旧的方式之中。教学中教师更多考虑的是“如何教”，而很少反思学生“怎样学”，缺少给学生创造更多主动学习的机会，忽视体验性教育的学习方式，教学方法比较单调，教学评价重结果、轻过程等等，新教育观念与教学行为得不到同步的转变。例如，在“艺教下乡”听课中，一位教师上一年级《有趣的半圆形》一课，在想象创作阶段，教师在黑板上画出了不同方向大小的半圆形，然后问学生，半圆形像什么？学生思维活跃，争着回答说，像月亮、碗、鸭子等等。接着教师按学生的回答一一补充画出了不同的物体。这一环节的教学，还是犯了课堂以教师为中心的毛病，没有从传统的教学方式中走出来。如果一开始就引导学生主动上台画出不同的半圆形，再让其他的同学上台画出想象中的物体，效果肯定大不相同。

因此，农村美术教师要在新教育理念的指导下，不断学习探究，及时调整教学行为，结合不同活动 ，使学生在乐趣体验、实践与创造中掌握知识，让观念与行为同步，确保课改在农村学校的成功实施。

总之，在进入核心素养的时代背景下，农村学校的美术教师应在“送教下乡”和“支教”的教师帮扶下，根据农村实际和学生特点，认真研究新教材，创造性地使用新教材，让学生真切体验美术学习的点滴成功与乐趣，并在不断的理论学习、实践探究与总结反思中转变观念，调整行为，让农村美术课在“乐趣美术”教学的开展中扎实有效，收获成功。

二、示范·探究·欣赏——对“乐趣美术”教学几个问题的反思

在新课程改革不断深化的进程中，伴随着福建省名师培训与“乐趣美术”

课题研究，笔者进行了近三年理论研修与实践探究。其间，既聆听了专家、学者与导师的专题讲座，也观摩了全国、省、地、县、乡各级的美术研讨课。理念与实践的碰撞，观念与教学行为的转变，无一不触动笔者对当下美术课堂教学深深的思考，让笔者对学生学习兴趣的持久性与调动课堂学习氛围的必要性，设问探究、欣赏评价等普遍的激发问题有了更深刻的理解与把握。

1. **示范与媒体共存，优化课堂教学**

随着美术新课程改革的深入开展，多媒体等信息技术运用得越来越广泛，教师的教学示范却越来越少了。分析原因，其一是许多教师对新课程理念的理解有失偏颇，把《美术课程标准》指出的“美术课要改变传统的单一技能技法传授”误认为“不要注重技能技法的传授”，认为“改变”就是“放弃”；其二是教师怕教学示范运用不当或操作失误，不但起不到直观的引领作用，反而极易使学生产生模仿行为，影响学生的想象创造，不符合新课程所倡导的学生自主学习、自主创新的理念。因此，许多教师不敢或较少运用直观演示的方法，而是利用多媒体图文并茂、声像俱佳、动静皆宜的特性，运用多媒体对作品进行欣赏分析等方式加以解决。教师们由此产生了疑问：教学示范是否还有必要再运用？示范是否会影响学生的自主创新？等等。针对这些问题，著名的美术教育家常锐伦教授明确指出：“美术课不能不演示，不能因做了课件而以录像替代直接而直观的演示。”这为示范教学的必要性作了明确定位。诚然，多媒体课件是好，但它只是一种手段，它必须适合教材的内容，并非所有的课都适合运用多媒体课件。如“国画”“剪纸”等美术技法课，如果只运用多媒体而教师不示范讲解，学生如何知道运笔的方法？如何体验墨的浓淡、干湿在宣纸上的变化？如何体验剪刀与纸的接触所带来的奇妙效果？这样一节课下来，学生只会是“看得高兴、听得激动”，等到练习时却不知所措，无从下手，又如何体现美术学科的“工具性与人文性”的统一呢？可见，教师示范是必要的。因为许多的技法效果、方法步骤，光用语言是难以说清楚的，教师亲身制作或作画演示，其方法步骤一目了然，学生易懂、乐学，是最吸引学生的教法。

例如，人美版教材第 8 册《用彩墨画鸟》一课，笔者除了让学生欣赏画家王雪涛的《紫藤鹦鹉》范画外，还适时示范讲解，画家是怎样用笔、用色表现鹦鹉羽毛的，让学生明白老师的皴、擦、点、染等用笔、用墨的技巧。

这样，让学生直观、清晰地看到精彩效果是如何来的。此时，学生情绪高涨，兴趣勃发地投入学习之中，非常轻松地掌握一种新的表现方法。

可见，在教学时，技法的传授，教师该示范的地方仍旧要示范，适合运用多媒体课件的要大胆采用。只要根据教材与学生实际特点把示范与多媒体课件两者互补，定能激起学生热情，优化课堂教学，上出好的美术课，让学生在“乐趣美术”美的熏陶中能力得到发展。

2. **设问与探究相融，提高教学实效**

现代学习方式特别强调问题在学习活动中的重要性。因为课堂教学内容是由“问题串”“问题链”环环相扣构成的，而教学过程也正是师生围绕问题互动探究，在问题解决中学习，培养学生的能力，实现教学目标的过程。因此，教师要针对教材与学生的实际情况精心设计有效的、高质量的问题，使探究富有成效，切勿草率。否则，提出的问题学生无法回答，无法探究，偏离教学内容和教学目标；或是无须探究的无效问题，影响探究实效，无法掌握知识的规律，无法学以致用，这些都是与“乐趣美术”背道而驰的。

例如，在“艺教下乡”听课过程中，谢老师执教的人美版教材第1册《画汽车》一课，教学目标是表现不同种类汽车的外形特征，培养学生的造型能力。而教师在导入新课后，却问：你们认识了哪些汽车？学生回答：警车、救护车、消防车等。接着教师没有对车的种类进行设问，致使学生对车的种类含糊不清，偏离了教学目标。而在创作拓展阶段，教师又问：汽车为什么能在马路上行驶？汽车里面主要由哪些机器部件组成？汽车是由谁发明的？此时，教室内一片沉默。根据一年级学生的认知规律，笔者认为这些问题学生无法回答，无须探究，偏离了教学内容，是与本课无关的无效问题，探究收不到实效。那么，如何设计好学生回答、讨论与探究的问题，让问题带动探究，使课堂教学持续高效开展呢？笔者研究发现：一是要深刻地理解教材，使设计的问题符合教学内容；二是要把握教学目标、重点、难点，使设计的问题准确无误；三是要从学生实际及学习内容出发，使设计的问题具有启发性，具有思考的价值。让学生带着问题走向问题，形成良性的“问题链”。只有这样设计问题，学生才感兴趣、愿思考、有话说，探究效果好。同时教师在注重预设的同时，还要关注生成，要营造良好的问题情境，捕捉课堂出现的动态，提出新的问题，与学生共同探究，让学生在参与解决问题的过程中，体验“乐趣美术”获取知识的快乐。

正如宋代学者陆九渊所说：“小疑则小进，大疑则大进”，在问题与探究相融的过程中，只要教师坚持以学生为主体，精心设计，巧妙引导，课堂教学就会变得生动活泼、富有情趣，进而提高教学实效。

3. **欣赏与评价并进，提升审美表达**

“创作评价是现代儿童美术欣赏不可缺少的一环，它是整个美术欣赏活动的重要组成部分，也是一种特殊的欣赏活动”。可见，让学生掌握欣赏的方法是进行有效评价的前提，是“乐趣美术”教学的重要一环。然而，纵观当下美术教学的欣赏评价，仍带有许多传统的成分和成人的眼光。如，评价这位学生的作业颜色涂得工整、干净，老师很喜欢；那位学生的作业画得不对，应该改正等等，这样的评价仅停留于欣赏的表面，致使学生的欣赏目的性不明确，评价能力得不到有效发展。那么，如何引导学生欣赏，促进评价有效开展呢？第一，教师在学生欣赏活动之前要对作品的特征和要素做出明确的识别，对作品的形式语言及对称构成原理进行分析和理解，找出美术作品的特点、欣赏要点，当学生对某幅作品有独到理解时，及时地做出调整和反馈，加强学生对作品各部分的理解。第二，引导学生从内容美、色彩美、造型美、形式美等方面对优秀美术作品进行多方位的感受与体验，并逐步引导学生感受美术作品中蕴含的丰富情感与思想内涵，用不同方式表达自己对作品独特的感受。第三，引导学生用美术的语汇、美术的眼光来欣赏作品，即用点、线、面、形状、色彩、构图等形式语言，理解作品的象征意义。从对称与均衡、节奏与韵律、变化与统一等基本原理层面理解作品的美感，养成良好的部分或整体审美表达方式。第四，要构建平等的师生对话关系，让学生平等地与教师及美术作品进行交流。同时，给学生充足的欣赏时间和空间，让学生多种感官参与，畅所欲言，相互交流，并鼓励学生用语言、动作、表情等多种方式表达自己的审美感受。在合作与对话过程中实现审美欣赏能力的建构，使评价持续有效地开展。另外，在评价中，教师要用一种开放、现代的眼光看待和品评学生的作品，关注学生的作业过程，关注情感、态度价值观等方面。运用激励性评价，等级与评语相结合以及即时评价与集体评价相结合的方式，激发学生的创作欲望，树立学习进取心，进而带动学生的欣赏与评价，提升他们的审美体验与表达。

这样，让欣赏与评价并进，充分发挥学生的审美主体性与创造性，激发学生参与美术活动的兴趣。学生在审美表达中，感受自己的进步，发现自己的能力与才干，体验欣赏与评价所带来的成功与快乐。

总之，课程改革是一次深刻、持久的教育革命，它不仅给学生提供了更为广阔开放的学习空间，也给教师们搭建了实现理想、展示机智与才华的平台。同时，也让教师们面临着许多困惑与问题，展望前程，我们任重而道远。因此，作为一名有责任心的美术教育工作者，在“乐趣美术”教学中要勤于学习，善于研究，敢于挑战，不断总结反思，拓展设计思路，完善课堂教学，让教学改革落到实处，收到实效。

三、求真·求实·求新——对“乐趣美术”公开教学的冷思考

随着美术课改的不断推进，美术公开教学越来越在教学进程中扮演着重要的角色，它不仅担负着传播先进的美术教育思想、教学理念与教学艺术的作用，而且也给广大的美术教师们提供了展示才华的平台，对于发现优秀教师、推广先进的教学经验、解决教学中的实际问题，起到不可低估的作用。那么，如何正确对待美术公开教学，让公开课可学可用，简洁高效，更具特色呢？笔者在参与福建省名师专项课题“基于核心素养下的‘乐趣美术’课堂构建探究”教学研讨活动与多次参加各级美术公开教学的评选活动中，感悟、总结了“乐趣美术”公开教学求真、求实、求新的几点做法。

1. 在求真中让美术公开教学可学可用

“乐趣美术”公开教学的求真，即真实、朴实、可操作。那些丢失美术本位，忽视美术基础知识和基本技能传授的“满堂问、剧本化、表面化、程序化”的课堂、“一味的表扬”及“无任何目的要求的自主交流合作”等虚假的课堂将失去活力、生命力和动力，失去在教学实践中的应用价值。所以，美术教师们要用平常心对待公开教学，让公开教学回归本真，让教学中的问题、缺憾与亮点、精华都显现出来，打造一个真实、有趣、有效的互动学习过程，让执教者、听课教师在思考中得到收获，使美术公开教学可学可用的教研价值得以体现。

例如，湘美版五年级美术《形的重复构成》一课的公开教学。教师抓住

高年级学生的心理特点和认知规律，进行了如下的教学：

教师先让学生观察范图中“鱼”是怎样游的。学生不难发现，鱼是笔直向上游的，进而引出它的骨式叫直立式。接着教师让学生想一想，这些鱼还可以怎样排列着游？它的骨式还可以是怎样的？此刻，学生创造性思维被激活了，纷纷拿出信封里的学具——吹塑小鱼放在碟子里沾点水，在塑料方格垫板上摆起来，根据所学的二方连续纹样摆出 8 种常见骨式。此时，教师让学生拿出课前搜集的多个同一基本形，如五角星、小飞机等，进一步引导学生发现：骨式多种多样，就是一种骨式也有多种变化。同时，让学生观察课本范图，发现还可以用植物、动物、静物、基本形等组成重复构成的图案，拓宽学生创作的题材与空间。在随后的创作中，经过各小组同学的共同努力，创作出了许多富有个性的作品，如树、爱心、蝴蝶等图案。在这个环节的教学中，教师把原本封闭演练的过程，通过师生互动拼摆的游戏方式，真实、自然地把教学过程展现在听课教师面前，既重视美术“双基”传授与练习，又具有“可学可用”的可操作性。让初听者有所益，常听者有所得。值得一提的是，本次美术公开教学事先就确定了教研的主题，在听课与评课的过程中，教师们有题可“议”，有“话”可说，听课者们带着教学中的困惑而来，带着收获而归。

可见，美术公开教学的根是“真”，那些表面上看似一帆风顺、互动热闹的教学过程，学生收获是甚微的，听课者更难以致用。因此，公开教学只有返璞归真，追求实趣才能引发更多的美术教师去思考，在反思中达到“可学可用”的公开教学的最高境界，促进师生学有所获，在科学有效的乐趣课堂中成长。

2. 在求实中让美术公开教学简洁高效

“乐趣美术”公开教学的求实，即扎实、富有实效，就是用最少的时间，花最少的精力让孩子们掌握学习方法，学到最多的美术知识与技能，提高审美素养，从而有效地促进学生的发展。因此，在求真的基础上，需要美术教师们认真地钻研教材、研究学生、研究课堂，营造轻松愉快的氛围，让学生学习美术知识，增长美术技能，陶冶高尚情操，使公开教学在新理念的实施过程中收到实效。然而，美术学科是知识与技能相融的学科，它的教学有别于其他学科，美术学习有一个“欣赏—求知—创作—评价”的过程。要使这一学习过程简洁高效，必须把握以下几点：一是针对教材与学生设计有效的、高质量的问题，让问题带动探究，使课堂教学持续高效开展。二是要在目的、要求、分工明确的情况下，组织引导学生自主探究、合作学习，充分发挥学生的想象、互动的能力，进行创作。三是引导学生用美术的语汇、美术的眼光来欣赏作品，即用点、线、面、色彩、构图等形式语言，理解作品的象征意义。从内容美、色彩美、造型美、形式美等方面表达自己对作品的独特感受。四是要根据教材与学生实际特点，把示范和多媒体课件两者互补，优化教学。

例如，人美版二年级美术《绘画游戏》一课的公开教学中“探究创作”环节。教师首先让学生“画一画”已学过的线条，并提出“从不同方向、角度观察由线条连成的单个图形像什么”的有效问题，激起学生不同联想，并进行想象添加变形。接着让学生“想一想”探究感悟绘画游戏的方法与步骤，并提出“怎样画随意的交叉线分割画面，便于联想”的有效问题，同时适度地借助多媒体对图形进行1—360度的翻转，从不同方向与角度对图形加以联想，感悟从不同方向观察图形所联想到不同物体的美感。在此基础上，让学生在明确游戏规则与分工之后“变一变”。即各小组先画好线条分割图，然后第1小组与第2小组的同学进行交换创作，在竞赛中开启学生丰富的想象力及创新思维，让学生在个性张扬中表现独特的想法，并用点、线、面加以装饰。由于是交换作品初稿创作，学生们无拘无束、大胆自由地把所感、所想表现出来，激活了课堂，新知识在简洁高效的乐趣探究过程中得到内化与升华。

可见，只要教师在求真的基础上，坚持以学生为主体，精心设计问题，巧妙引导，用美术的语汇加以表现与表达，课堂就会变得生动活泼、富有情趣、简洁有效。因此，“乐趣美术”公开教学，不应该一味地追求潮流、赶时髦，而应该脚踏实地，追求实趣，立足课堂实际、学生实际、教材实际。让教学在简洁愉悦的学习过程中达到高效的目的，使听课的美术教师、执教的美术教师及学生都从中受益。

3. 在求新中让美术公开教学更具特色

“乐趣美术”公开教学的求新，即创新性、前瞻性，就是一堂美术公开课所体现出来的，值得互相学习与借鉴的新的教学理念、新的教学方法、新的教学探索、新的教学技术、新的教学风格等等。美术公开教学要让这些富有新意的教学更具特色，经听课教师内化后可学可用。在求真、求实的前提下，公开课还必须根植于常规的美术教学，并在此基础上根据学生的认知规律与特点，适当地浓墨重彩，创新提炼，突出特色与风格，让听课者顺其自然地接纳与受益。否则将会过犹不及，物极必反，再有新意的课也是虚假不实的，课的特色也就失去了意义。

例如，人美版六年级美术《神州风采》一课的公开教学在"感悟与赏析""探究与创作"环节，教师抓住教材地域性的特点及用好教材和活用教材的理念，摆脱教材束缚，让学生走进家乡的世界自然与文化遗产——武夷山。用点、线、面、色彩的美术语言欣赏武夷山自然之美，并通过小组探究与互动交流分享的方式了解武夷山的历史与下梅古民居的文化内涵、背景故事等。这些自然与文化遗产贴近学生的生活实际，在日常的耳濡目染中印象深刻，因此在互动的交流中引起了强烈的共鸣。接着利用"中国版画之乡——建瓯"的文化底蕴，用不同于教材中的创作方式，即版画的制作方法予以表现。学生在活动过程中既掌握了技能，又增强了保护自然与文化遗产的意识及热爱家乡的情感。这样的一个教学环节，既创新了活用教材的教学方式，又创新了自主与合作探究的学习方式，让学生在体验与交流中形成认识，使新知识得到自主建构与内化，整个课堂显得生动有趣且有新意。

可见，通过教学方式和学习方法的创新，让美术课更具特色，也让笔者进一步认识到：根植于日常美术教学的公开课有别于常规教学，但又是常规教学的提炼。在追求新趣基础上，引领着日常教学向更新、更高、更好、更有特色的方向前进，使"乐趣美术"公开教学更有实效、更有新意、更具特色，让教师们更容易接受，让学生们受益。

总之，"乐趣美术"公开教学的目的是促进美术教师与学生的专业发展，展示教师的教育教学艺术，引领常规教学，使听课的美术教师经过思考、内化和升华后转化为其可学可用的教学方法、技能技巧等，实现公开教学推广应用价值效度的最大化。因此，面对美术公开教学，我们应冷静思考、客观分析，保持平常心，正视美术公开教学，善待美术公开教学，拒绝忽略发展、刻意雕琢、抹杀过程、忽视技法、脱离真实教育情境和客观实际的做法。少些过激的作秀与浮华，少些形式与功利，多点真实、朴实、踏实，多些教研价值、实用价值，让美术公开教学回归自然，求真、求实、求新，成为学得进、用得出，深受广大美术教师欢迎的一道亮丽的景色。

第三节　作品赏析

一、诗词版画

建瓯市第一小学抓住建瓯曾为闽国古都，八闽首府的深厚历史文化底蕴，结合笔者主持的教育部福建师范大学基础教育课程研究中心立项的课题暨福建省名师专项课题“基于核心素养下的‘乐趣美术’课堂构建探究”持续开展不同的版画特色创作活动。在课题研究的两年中，通过家校配合，开展了“北苑贡茶、朱熹文化、美丽乡村”为主题的研学之旅，在研学中同学们通过搜集美术素材，审美思辨，构思组稿，以不同的版画创作形式呈现，创作了一批富有个性特色的版画作品。

为了让这批版画作品增添更深层的文化韵味，建瓯市第一小学邀请了建瓯市诗词联盟的诗词爱好者，为具有本土文化特色的学生版画作品配上诗词，通过版画诗词的形式，呈现出来。这些作品中年长的诗词作者 86 岁，而最小的版画作者才 8 岁，虽然年龄悬殊，表现形式不同，但是他们都拥有一样的炽热的爱国爱乡情怀，在画与诗的天地里，在方寸的画面上，让中华民族优秀传统文化的瑰宝“画与诗”来一次美丽的遇见。“诗词版画”用版画艺术的形式展现建瓯，用诗词凝练的方式概括建瓯，通过视觉审美与想象再现，塑造建瓯艺术的立体形象，让版画再次成为建瓯文化艺术的主要代表符号。在“以美育人，以文化人”的爱国爱家乡的本土诗词版画的学习与传承中，学生的美术技能与人文素养得到提升，学生在童真童趣的版画创作与诗心澎湃中茁壮成长！

《生命之梯》 学生：雷诗雨

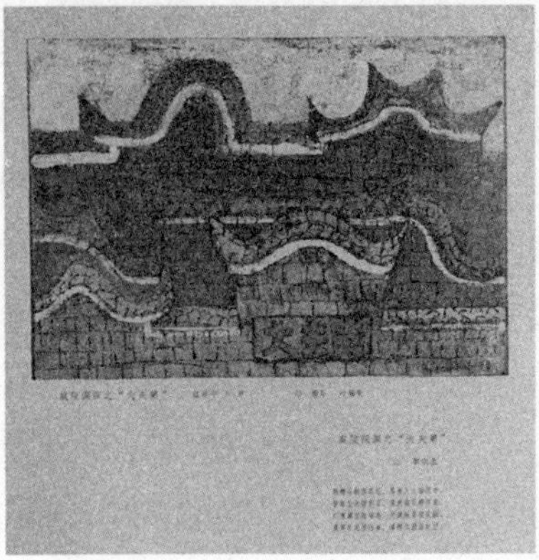
《庭院深深之“大夫第”》 学生：陆梓宁

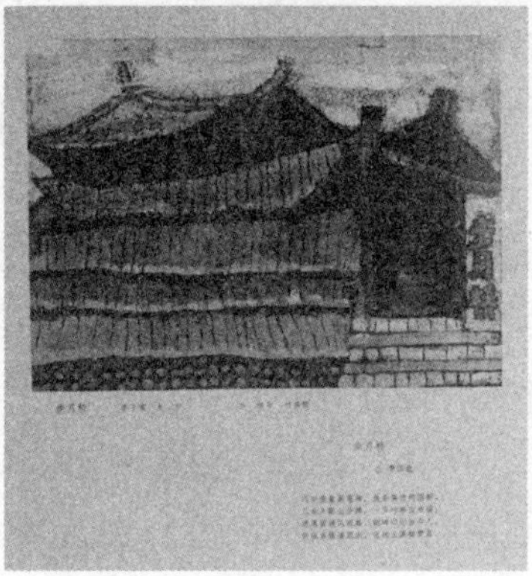
《步月桥》学生：李子宸

《豆浆粉》 学生：李彦瑶

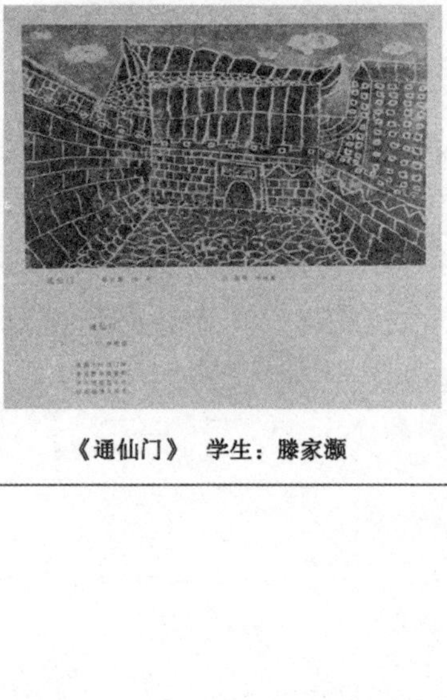
《通仙门》 学生：滕家灏

《大碗茶》 学生：刘先锦

《茶道》 学生：江宇城

《北苑茶古道》 学生：毛新语

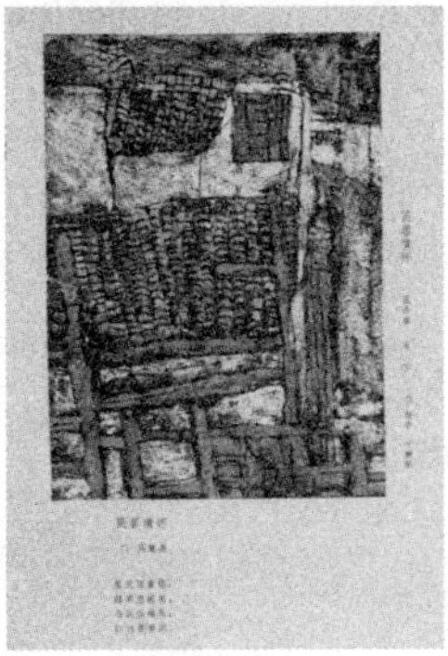

《炊烟袅袅》 学生：黄子琳

二、校本版画

新一轮基础教育课程改革为了弥补国家课程设置的单一，发掘地方文化资源、学校资源与办学积极性，满足不同特点的学校和学生的具体需求，促进学生个性健康、多元化发展，实行了三级课程管理。在三级课程管理中，尽管人们对校本课程开发的理解多种多样，但让学校成为校本课程的决策中心，让校长和教师成为课程开发的主体，从而更好地满足学生的实际发展需求，促进学生有个性的全面发展这一基本理念上却是一致的。

建瓯市第一小学于 1988 年开办了少儿版画班，在长期的教学实践中，少儿版画教学已成为学校的办学特色。学校不仅代表建瓯接受福建省“民间艺术之乡”的验收，被评为福建省南平市“双十工程”的“美育特色项目示范学校”，还被授予“少儿版画创作培训基地”。近年来，学校以科研为动力，以课题带动版画校本课程的实施，先后开展了福建省教育科学规划课题“版画校本课程的开发与实施策略研究”及“闽北地方文化资源在小学美术（版画）教学中的开发与利用”的研究。运用不同的媒材，通过利用地方文化资源进行课程开发，结合近两年福建省名师“乐趣美术”教学主张的课题实施，学校开展多样的版画教学创作活动，先后有六百多幅学生作品获全国、省、地、市及国际大奖，六幅作品选送澳大利亚参展，部分作品编入《美术》教材，一幅作品被中央美术馆展出并珍藏。学生在版画创作中乐趣无穷，幸福满满，版画教学在学校蓬勃发展。在全面推进素质教育与落实美术学科核心素养的进程中，为更加凸显学校办学特色，学校专门成立了课程改革实验指导小组，由笔者组织编写了校本版画教材，以供师生使用。

在课程实施中，学生通过本土文化的搜集、读图、审美、创造等版画学习活动的体验，兴趣得到了激发，观察、想象、审美判断、创意实践能力得到培养。校本版画课程提升了学生美术学科核心素养，让版画这朵绚丽之花在文化的传承中绽放异彩。

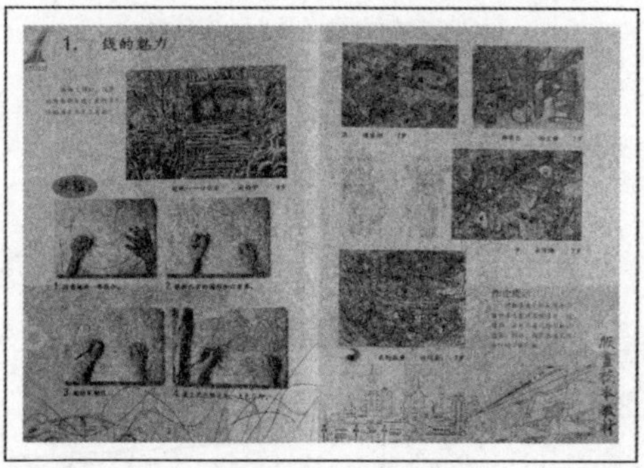

2. 线条的组合
版画校本教材

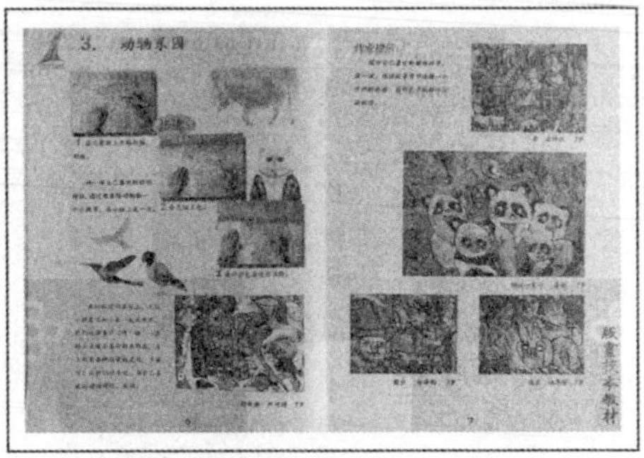
3. 动物乐园
版画校本教材

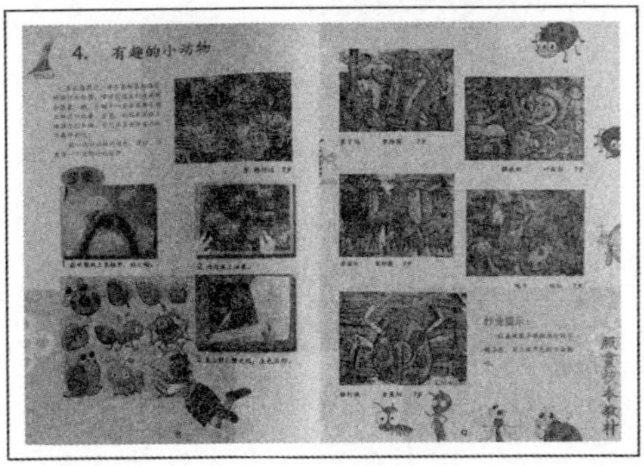
4. 有趣的小动物
版画校本教材

5. 用红色画画
版画校本教材

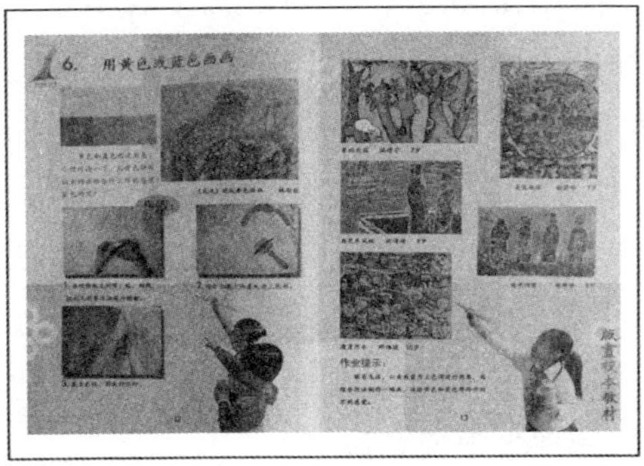
6. 用黄色或蓝色画画
作业提示：
版画校本教材

7. 鱼儿水中游
版画校本教材

三、诗意国画

诗是无形的画，画是有形的诗，诗与画的结合是一种简雅的美，在“乐趣美术”教学的文化传承中，以美术教材中国画教学为基础，通过不同的方式开展诗意国画教学，让中国传统绘画发扬光大。在教学中，师生把诗情贯穿于画意中，使造型艺术与语言艺术融为一体，互为补充，来表达学生的生活观察体验的心态与客观情感，并通过学生的主观情感与审美判断所产生丰富的想象，集中而概括地反映真、善、美的生活实际。诗与画凝结着学生对生活的各种感受与体验，是学生心灵的净土，焕发着孩童的艺术魅力。

学生的国画作品中充满着浓厚的乡土诗情，画的笔墨清新，情真意切，意境优美，具有一种学生纯净的诗意一般的艺术美感，这也是中国画特有的风格特征和表现方法。这种画中有诗的意境是自然与学生人本的感应结合统一之美，是一种简单的美，是一种纯真的美。它既有学生童真童趣的笔墨技法，又有艺术追求精神所体现的内涵，画中有诗的意境是画中追求的画外之情，诗中追求的言外之意，使有限的空间体现无限的意蕴。

中国画与中国诗的融合教学，呈现单纯、和谐、轻淡优美、画中有意、意在言外、画外有情、诗情画意的格调，这些饱含诗意的国画作品，是孩童生命与心灵的折射，是学生读图、审美、思辨与生活实践创意的写照。诗意国画，静待花开！

《花艳禽恋》学生：彭立冲

《秋艳》　学生：彭立冲

《野菊》　作者：叶杨荣

《思远》作者：叶杨荣

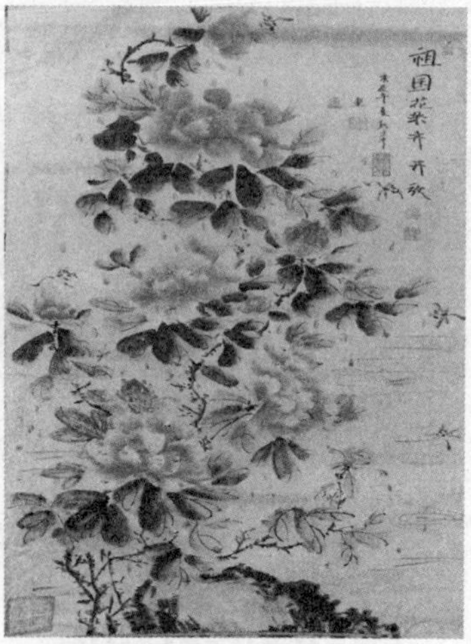

《祖国花朵齐开放》 学生：彭立冲

《晨曲》 学生：陈诗俊

《荷韵》 学生：叶博文

《村景》 学生：张兴明

《富贵花开》 学生：宋庆伟

《秋意》 学生：连子芙

参考文献

[1] 余文森. 核心素养导向的课堂教学 [M]. 上海：上海教育出版社，2017.

[2] 余文森，成尚荣. 教学主张与名师成长 [M]. 福州：福建教育出版社，2017.

[3] 尹少淳. 文化视野下的民间与乡土美术课程建构 [M]. 石家庄：河北美术出版社，2012.

[4] 张斌. 愉快教育模式论 [M]. 广州：广东高等教育出版社，1998.

[5] 金正扬. 倪谷音与愉快教育 [M]. 北京：国际文化出版公司，2003.

[6] 倪谷音. 愉快教育 [M]. 上海：华东师范大学出版社，1992.

[7] 尹少淳. 小学美术教学策略 [M]. 北京：北京师范大学出版社，2010.

[8] 陶行知. 陶行知谈教育 [M]. 沈阳：辽宁人民出版社，2015.

[9] 莱斯利·P. 斯特弗. 教育中的建构主义 [M]. 高文，等译. 上海：华东师范大学出版社，2002.

[10] 常锐伦. 对“第四届全国中小学美术课评比”现场点评 [J]. 中国美术教育，2005 (2).

[11] 程明太. 公开课“做秀”是是非非 [J]. 中国美术教育，2008 (6).

[12] 冒继承，等. 公开课，一路走好 [J]. 福建教育，2005 (11).

[13] 刘宇新. 湘西民间美术在学校中的传承与发展 [J]. 中国美术教育，2007 (1).

[14] 中华人民共和国教育部. 美术课程标准 [M]. 北京：北京师范大学出版社，2011.

[15] 吴刚平. 校本课程开发 [M]. 四川：四川教育出版社，2002.

[16] 黄明山，等. 校本课程——《古镇和平》的开发与实验 [J]. 闽北教育研究，2004 (4).

[17] 侯令. 在平日的教学中用好本地文化资源 [J]. 中国中小学美术，2006 (2).

[18] 辜敏，杨春生. 美术教学实施指南 [M]. 武汉：华中师范大学出版社，2003.

[19] 尹少淳. 让文化的辉光映照美术教育 [J]. 中国美术教育，2006 (1).

[20] 罗彦军. 感受·探究·创生 [J]. 少儿美术，2007 (8).

[21] 蔡维. 让学生在体验中创新 [J]. 中国美术教育，2007.4.

[22] 王文婷. 巧用课程资源　提高教学实效 [J]. 福建教育，2006 (5).

[23] 道格拉斯·波顿. 从艺术到视觉文化：艺术教育角色的转换 [C]. 北京：INSEA 北京 2004 亚洲地区会议论文集.

[24] 周凤甫. 根深方叶茂 [C]. 北京：INSEA 北京 2004 亚洲地区会议论文集.

[25] 杨景芝. 新世纪美术课程改革的新理念 [C]. 北京：INSEA 北京 2004 亚洲地区会议论文集.

[26] 卢家楣. 情感教学心理学 [M]. 上海：上海教育出版社，1993.

后 记

我对美术的兴趣爱好，要追溯到小学，当时看着有趣的连环画、精美的书籍封面，就忍不住动笔描摹，其临摹过程的“像”让我感受到美术的学习是多么快乐与有趣的事。到了中学，看到有的同学到城里学素描、办展览，甚是羡慕，但生在农村的我，只好继续临摹着画稿，在努力读书之余，自娱自乐。直到1989年考进福建省建阳师范学校才让我“以画为乐”的梦想得以实现。在学校学习期间，我先后获得了学校简笔画大赛一等奖，学校美术留校作品优秀奖，福建省中师美展二等奖等，这让我品尝到美术学习的乐趣，坚定了我学习的信心。1992年师范毕业，我走上教学工作岗位，但爱画学画的初心不改 。1996年我参加了全国成人高考，先后继续就读并毕业于福建师范大学美术学院、集美大学美术学院，美术知识与技能的提升，让我的生活增添了无比的乐趣，而如何把自身的美术乐趣通过教学分享给学生成为了我当时很强烈的愿望。

1998年，我的愿望得以实现，我终于成为一名美术专任教师。先后参加了建瓯市、南平市首批美术骨干教师培训，有了专业知识与教学业务技能的我开始把自己对美术教育满腔热情的爱投入到教学之中，把美术学习的乐趣通过一节节课中的师生的互动传递给学生。2004年我参加了福建省首批美术学科带头人的培训，第一次聆听福建师范大学余文森教授的课改讲座，理念与实践的碰撞，让我对自己的美术教学有了更深的认识。自主学习，合作探究的“乐趣美术”教学从此开始。2005年我应邀参加了在北京举行“国际艺术教育年会”，本次年会研讨与交流的重点之一，也对我启发最深的是关于本土文化资源的开发与利用。我开始思索着如何突破教材的约束，把本土文化融入美术教学，让学生有亲近感、亲切感的同时，进一步体验学习活动的乐趣，提高美术学习的兴趣。为了实现这一目标，我开展了“闽北地方文化资源在小学美术（版画）教学中的开发与利用”及“版画校本课程的开发与实施策略研究”两项福建省规划课题研究，同时承担了教育部立项的“城乡两地美术欣赏教学的普及与提高”课题研究。在此平台上，我进行自主、合作、探究的愉快教学探索，得到全国著名美术特级教师侯令、福建省美术特级教师刘践源、浙江师范大学美术学院教授李力加以及王福阳教授、张剑老师的指导，先后获得教育部、教育部立项课题组织的全国视频课、展示课评选一、二等奖，福建省美术教学优质课评选一等奖，福建省美术教学设计、教案设计评选一等奖，福建省美术优秀论文评选一等奖等。我在教学上逐渐形成了自己严谨与有趣的风格，但是却很难用一个合适的词语把这种风格给表达出来。

2017 年，我被确定为福建省名师培养人选，在导师余文森、陈国平、江启华、魏思东等专家们的指导下，实现了教学风格形成的高原期到教学主张形成的蜕变，谱写了我新的教学人生。教学主张是名师成长的必修课。第一次参加名师培训，聆听余文森教授讲解名师教学主张的构建，还非常的懵懂，不知所措，因为作为一线教师的我，缺少的是理论的引领及实践归纳的提升路径。但在多次的培训学习及与导师的交流磨合中，我逐渐地明白了何谓名师，什么是教学主张，教学主张从哪里来，教学主张到哪里去……在余文森教授的精心指导下，我开始静下心来重新审视自己从教二十多年的教学实践研究，从自主、合作、探究的愉快教学中，从形成的严谨有趣教学风格背后，从儿童的视角出发，寻找教学、教材、人本合一的乐趣课堂教学主张。此时，“乐趣美术”教学主张浮出水面，在导师们的认可后，用什么作为“乐趣美术”的理论支撑呢？我思索着开始阅读中外有关愉快教学、快乐思维、自主建构、核心素养等教育理论书籍，站在巨人的肩膀上前行。在余书森教授，江启华、魏思东导师的指导下，我把情感教学心理学、愉快教育理论、建构主义理论作为“乐趣美术”的理论基础。有了理论支撑，明确了“乐趣美术”的核心概念与研究内容后，我以“基于核心素养下的‘乐趣美术’课堂构建探究”为题，申报立项开展福建省名师课题研究，经过三年的实践和探索，逐步提炼形成了自己个性化的“乐趣美术”教学主张，并构建了“三环五步”的教学模式及教学策略，以便教师们操作与推广。

“乐趣美术”教学主张的艰辛形成过程，让我从教书匠变成了会研究、会思考、有思想、有理论的智慧型教师。这一实质性的蜕变，改变了我的课堂教学方式与学生的美术学习的路径。在“乐趣美术”的课堂中，孩子们不仅学到了美术知识，而且体会到美术美化生活的乐趣与价值，在愉悦的情境学习中，形成美术学科的素养与品格。“乐趣美术”教学主张的提炼与形成，开启了我教学人生的又一新的篇章，我将为心中的这一梦想继续努力前行……

最后，衷心感谢福建省教育厅给我创设了这样一个学习的机会、锻炼的舞台；感谢福建省名师培养工程专家们的悉心指导；感谢为“乐趣美术”做出默默奉献的教师们；感谢参考文献的作者们；感谢福建教育出版社；感谢南平市教育局和南平市教科院的领导们……正是有你们的一路同行、关心和支持，才造就了今日与众不同的我！